बिल्ड योर सेल्स मसल्स

सेल्स गेम में महारत हासिल करने के लिए हैंडबुक

देवेश मोहन

INDIA · SINGAPORE · MALAYSIA

ISBN 979-8-89363-407-5

अनुक्रमणिका

सेल्स लीडरशिप

समर्पित

मेरे माता-पिता, श्रीमती गार्गी और डॉ. कृष्ण बिहारी वार्ष्णेय को, जिन्होंने अपने प्यार, ज्ञान और आनुवंशिकता के द्वारा मुझे इस काबिल बनाया जो मैं आज हूं।

मेरी सास श्रीमती लता गुप्ता को, जो अस्वस्थय होने के बावजूद पूरी जीवंतता और उत्साह के साथ रहती हैं, और श्री पार्थ सारथी गुप्ता को, जो हर परिस्थिति में आशावादी रहते है।

मेरे बहनोई, स्वर्गीय श्री अतुल कुमार गुप्ता की प्रेमपूर्ण स्मृति में, जिन्हें हमने 2021 में कोविड-19 में खो दिया था।

आभार

जब मैंने पहली बार यह किताब लिखना शुरू किया, तो मुझे नहीं पता था कि यह काम पूरा होगा या नहीं। यह सिर्फ एक विचार था जो जल्द ही एक सपना बन गया, फिर मैंने अपना पहला कदम उठाया, जिसके बाद मुझे कई शुभचिंतक मिले जिन्होंने मुझे इसे हकीकत में बदलने के लिए प्रोत्साहित किया। उनका निश्चित रूप से एक विशेष उल्लेख करने की आवश्यकता है!

सबसे पहले मेरा परिवार जिन्होंने मेरे सपने को पूर्ण करने में बहुत महत्वपूर्ण योगदान दिया। चाहे जैसे भी हालात रहे हो, मेरी पत्नी शिल्पा गुप्ता ने मुझे बिना किसी शर्त के हमेशा समर्थन दिया है। वह मेरे काम का बहुत ही ध्यान से अवलोकन करती है और निष्पक्ष सलाह देती है। जब मैं किसी स्थिति में कमजोर महसूस करता हूं, तो वह मेरे साथ दृढ़ता से खड़ी रहती हैं और मुझे प्रेरित करती हैं। मैं शिल्पा का आभारी हूं कि वह मेरे जीवन का अभिन्न हिस्सा बनी। फिर मेरे प्यारे बच्चे ध्रुव और जान्हवी हैं, जो हमेशा मेरे व्यस्त कार्यक्रमों से भली भांति परिचित है, इसलिए हमेशा मेरी सहायता करने के लिए आतुर रहते है।

मैं अपनी बड़ी बहनें नीलम, पूनम, रूपम और अनुपम का भी आभारी हूं, जिन्होंने हमेशा मेरे गुरु के रूप में मेरा मार्गदर्शन किया है। उनके बिना, मैं वह व्यक्ति नहीं बन पाता जो मैं आज हूं।

अपने प्रगति पथ में, मैं अपने प्रोफेसरों, अपने मैनेजर्स और अपने सहयोगियों को विशेष धन्यवाद देना चाहता हूं। वे मेरी प्रेरणा के स्रोत हैं, क्योंकि मैंने अलग-अलग मौकों पर उनसे बहुत कुछ सीखा है, चाहे कक्षाओं में बैठकर, या फिर सेल्स क्षेत्र मे अपनी सेल्स मसल्स को मजबूत करते हुए।

मुझे अपने सहयोगियों को भी धन्यवाद देना चाहिए जिन्होंने इस किताब को आकार देने में मदद की। तुषार सिब्बल, जिन्होंने प्रारंभिक प्रूफरीडिंग करने में मदद की। निधि नंदगोपाल को प्रेरक चित्रण प्रदान करने के लिए, निराली भट्ट को अंतिम प्रूफरीडिंग करने के लिए, और कुमार शुभम को विभिन्न सहायक कार्य करने के लिए, जो अन्यथा अत्यधिक समय लेने वाली और चुनौतीपूर्ण होती।

अंत में, यह किताब उस व्यक्ति के कारण वास्तविकता बन गई, जो हाल के वर्षों में मेरी मित्र और बिजनेस पार्टनर किरण दीप संधू हैं। इस विचार ने कॉफ़ी पर एक वर्चुयल चर्चा के दौरान आकार लिया, जिसके बाद इस किताब को लिखते समय हमारे विभिन्न रचनात्मक विचारों पर अंतहीन बातचीत हुई। चाहे वह प्रकरण को दोबारा लिखना हो, शीर्षक हो या किताब का कवर डिज़ाइन, उनकी महत्वपूर्ण सलाह बेहद मददगार रही है।

प्रशंसापत्र

सेल्स एक कला और विज्ञान है. क्या आप जानना चाहते हैं कि आप अपनी सेल्स बेहतर कैसे करें? अपने प्रॉडक्ट अधिक कैसे बेचें? क्या आप उन सर्वश्रेष्ठ सेल्स प्रोफेशनल्स में से, एक से सीखना चाहते हैं जिनके साथ मैंने काम किया है? यदि आपका उत्तर हां है, तो "बिल्ड योर सेल्स मसल्स" अवश्य पढ़ें!

रोनाल्ड डी जोंग
अमेज़ॉन वेब सर्विसेज (एडब्ल्यूएस) में बेनेलक्स एंटरप्राइज के प्रमुख, नीदरलैंड

सेल्स मेनेजमेंट के क्षेत्र में नए लोगों को इस किताब में बहुमूल्य जानकारी मिलेगी, क्योंकि इसमें परखी हुई रूपरेखा और रणनीतियाँ शामिल हैं। यह किताब यह समझाने का उत्कृष्ट काम करती है कि आपको प्रभावशाली लोगों का एक इको सिस्टम क्यों बनाना चाहिए और कैसे बनाना चाहिए। लंबी अवधि तक सेल्स की सफलता सुनिश्चित करने के लिए, यह किताब नए सेल्स मेनेजर को उन सिद्धांतों से सुसज्जित करती है जिनकी उन्हें आवश्यकता होती है।

कुप्पुसामी नतेसन
उपाध्यक्ष, रेवेन्यू इनेबलमेंट सर्विसेज, ओपन टैक्स्ट सिक्योरिटी
एशबर्न, वर्जीनिया, यूएसए

"किताब ने मुझे आश्वस्त किया, मुझे अंतहीन प्रेरणा दी, और मुझे अपने पेशेवर करियर के स्मृति गलियों में वापस भेज दिया। यह एक रहस्योद्घाटन था और पढ़ने में खुशी हुई"।

प्रमोद कुमार, पी.इंजी. |
चेयरमैन एग्जीक्यूटिव कमिटी और माइनिंग डाइरेक्टर।
एलोरा, ओंटारियो, कनाडा

एक उत्कृष्ट सेल्स की किताब जो आपको अपनी यात्रा पर विचार करने के लिए प्रेरित करती है। यह नए सेल्सपर्सन के साथ-साथ अनुभवी सेल्सपर्सन दोनों के लिए अवश्य पढ़ने योग्य है कि सेल्स गेम में लगातार बेहतर कैसे बनें।

सव्य साची
निदेशक एवं मुख्य कार्यकारी अधिकारी,
प्योर हील प्राइवेट लिमिटेड, नोएडा, भारत

यह किताब एक सकारात्मक मानसिकता के महत्व को बहुत ही खूबसूरती से दर्शाती है जो एक सेल्सपर्सन की सफलता में बहुत बड़ा योगदान देती है। "खुद पर और अपनी कंपनी की पेशकश पर विश्वास करना" एक सेल्सपर्सन को सफल बनाता है जिसे सेल्स प्रक्रिया के माध्यम से बहुत अच्छी तरह से समझाया गया है। गणितीय फॉर्मूला का उपयोग करते हुए "सर्कल ऑफ सेल्स" में सादृश्य सेल्स की समग्र समझ देता है। प्रत्येक विषय पर देवेश मोहन का दृष्टिकोण निश्चित रूप से सेल्सपर्सन, विशेषकर नवागंतुकों के लिए उपयोगी है। मुझे आशा है कि आप इसी तरह अपने अद्भुत अनुभव साझा करते रहेंगे,

जिससे निश्चित रूप से उन नए लोगों को मदद मिलेगी जो सेल्स में करियर बनाने में अधिक रुचि रखते हैं।

अधिवक्ता विजय कुमार दुबे
इलाहाबाद उच्च न्यायालय, लखनऊ खंडपीठ,
लखनऊ, भारत

"बिल्ड योर सेल्स मसल्स" एक हैंडबुक है जो एक सफल सेल्सपर्सन बनने के लिए आवश्यक मानसिकता की खोज करके आपको व्यवस्थित रूप से मार्गदर्शन करती है, और वाचक को अपनी सेल्स मसल्स को फ्लेक्स करने के लिए रूपरेखाओं और प्रक्रियाओं के ज्ञान से सज्ज करती है। अपनी सेल्स मसल्स बनाने की इस आत्मनिरीक्षण की यात्रा को न चूकें।

किरण दीप संधू
लीडरशिप एंड कम्युनिकेशन कोच, लेखक, मलेशिया

हम आम तौर पर कुछ भी कैसे बनाते हैं? पहले अलग अलग माध्यमों से ज्ञान प्राप्त करते है, फिर उसे कार्यान्वित करते है, फिर अपने अनुभवों के आधार पर कार्यप्रणाली में सुधार करते है। यह एक ऐसी प्रक्रिया है जिसमें समय लगता है। सोचिए, यदि हम अपनी प्रगति को और तेज़ी से बढ़ावा देने के लिए एक बहुत ही कारगर प्रोटोटाइप हासिल कर लें जो किसी सर्वोत्तम व्यक्ति के ज्ञान और जमीनी स्तर के दो दशकों से भी अधिक अनुभव के मिश्रण से विकसित किया गया हो? देवेश मोहन की किताब "बिल्डिंग योर सेल्स मसल्स" बिल्कुल यही करती है। यह किताब हमें ऐसे स्टेप्स बताती है जो वास्तव में जमीनी स्तर पर काम करते हैं। मुझे यह कहने में कोई झिझक नहीं

है कि यह किताब न केवल आपकी सेल्स मसल्स को बिल्ड करेगी, बल्कि एक सेल्स सुपरस्टार बनने का भी अचूक उपाय है। कृपया इस अवसर को न चूकें. आज ही अपनी कॉपी प्राप्त करें!

आशीष दत्ता
सीओओ और सीएफओ, कांग्रुएंट इन्फो-टेक,
चेन्नई, भारत

देवेश मोहन ने अपने 20+ वर्षों के अपने व्यावहारिक अनुभव के आधार पर यह किताब "बिल्ड योर सेल्स मसल्स" लिखी है, इसलिए मैं इसे "प्रैक्टिकल गाइड" कहता हूं। यह व्यवसाय मालिकों के लिए अवश्य पढ़ी जाने वाली पुस्तक है। सेल्स की नींव, सेल्स प्रक्रिया और सेल्स नेतृत्व के माध्यम से नेविगेट करने वाले प्रकरण तर्कसंगत है। इसके अलावा, उन्होंने ऐसे फ्रेमवर्क्स भी प्रदान किए जिन्हें कोई भी तुरंत लागू कर सकता है और परिणाम प्राप्त कर सकता है।

राम रामकृष्णन
प्रबंध निदेशक, लीडरशिप कार्ड एलएलपी
बेंगलुरु, भारत

किसी बड़े मकसद के लिए अपने विचारों और सीखों को कलमबद्ध करना कहने से ज्यादा मुश्किल है। सेल्स, विज्ञान और कला के साथ-साथ बुद्धि तत्परता का एक संयोजन है, जिसे सर्कल ऑफ़ सेल्स अवधारणा के माध्यम से अच्छी तरह से कवर किया गया है। अपनी ताकत और कमजोरियों से अवगत होना महत्वपूर्ण है ताकि आप अपने "विजिबल आर" और "इनविजिबल आर" को बेहतर बनाने के लिए तदनुसार काम कर सकें। सेल्स प्रक्रियाएं और परिवर्तन प्रकरण,

विशेष रूप से प्रौद्योगिकी के नेतृत्व वाले व्यवधानों के आज के युग में बहुत प्रासंगिक हैं, जहां सेल्स परिवर्तन की गति से गुजरती रहती है।

सुधीर अग्रवाल,

निदेशक एवं शिक्षक,

वाधवानी फाउंडेशन,

नई दिल्ली

प्रकरण 4 में वर्णित, सरकारी प्रोजेक्ट हारने वाली कहानी ने मेरा ध्यान खींचा और 20 वर्षों के बाद सब कुछ मेरे दिमाग में ताज़ा हो गया, क्योंकि मैंने इस प्रोजेक्ट में देवेश के साथ निकटता से कार्य किया था। मॉड्यूल 2 - में सेल्स प्रक्रिया का बहुत उपयुक्त रूप से वर्णन किया गया है। एक प्रभावी सेल्सपर्सन वह होता है जो विभिन्न स्टेकहोल्डर्स को मेनेज करने में सक्षम होता है और खरीद और निष्पादन दोनों स्टेप्स के दौरान कस्टमर की खरीद प्रक्रियाओं और उनके नतीजों से अवगत रहता है। यह अद्भुत सेल्स की किताब पढ़ने लायक है और यह निश्चित रूप से उभरते सेल्स लीडर्स के लिए सेल्स गेम में बाजी मारने के लिए एक चिंतनशील किताब होगी।

धीरज मित्तल,

ई-सॉल्यूशंस इंक के उपाध्यक्ष एवं सेल्स भारत प्रमुख।

दिल्ली (पूर्व एचसीएल, मेकफी ईवाय, ओरेकल)

प्रस्तावना

दिसंबर 2020 में जब कोविड महामारी अपने चरम पर थी, तब वर्चुअल नेटवर्किंग के दौरान मैं अपने एक दोस्त के साथ, चर्चा कर रहा था कि जीवन में अगला बड़ा कदम क्या होना चाहिए। मेरा विचार सेल्स विषय पर सभी के साथ अपना ज्ञान साझा करने का था। उस समय, मैं अपनी सीख और व्यावहारिक अनुभव को संजोने और उन्हें दूसरों के साथ साझा करने की अपनी क्षमता के बारे में आश्वस्त नहीं था। इसका मतलब अपने "कम्फर्ट ज़ोन"[1] से बाहर निकलना और अपने विचारों को लिखना भी था। मैंने कभी किताब लिखने के बारे में नहीं सोचा था। कई लोगों की तरह, मैंने भी मन में सोचा था कि मेरे जैसे अपेक्षाकृत अज्ञात लेखक (एक आत्म-सीमित विश्वास) द्वारा लिखी गई किताब कौन पढ़ना चाहेगा। क्या अन्य प्रोफेशनल साथी मेरे विचारों को पढ़ने लायक पाएंगे ("फियर ऑफ रिजेक्शन" सिंड्रोम)?

दूसरी ओर, उस समय हम महामारी के बीच में थे और मेरी व्यस्त यात्राएँ पूरी तरह थम गई थीं, जो की एक सेल्सपर्सन के रूप में मेरे जीवन का हिस्सा थी। मुझे उस दौरान अपने 20 साल से ज्यादा के सेल्स के अनुभव पर विचार करने का काफी समय मिला और मैंने इसे 'बिल्ड योर सेल्स मसल्स' पर लगाया।

आत्मनिरीक्षण में बिताए गए इस समय ने मुझे एहसास दिलाया कि हम इस ब्रह्मांड में केवल छोटे-छोटे अंश हैं। फिर भी, हममें

---

1 कम्फर्ट जोन - यहां रूपक "कम्फर्ट जोन" एक "व्यवहारिक स्थिति" को दर्शाता है जिसके भीतर एक व्यक्ति चिंता-तटस्थ स्थिति में काम करता है, प्रदर्शन का एक स्थिर स्तर प्रदान करने के लिए व्यवहार के सीमित सेट का उपयोग करता है, आमतौर पर जोखिम की भावना के बिना" (बार्डविक, 1991)

से प्रत्येक के पास बड़े परिवर्तन करने के लिए अपनी "पावर ऑफ लिटल" का उपयोग करने की क्षमता है। "पावर ऑफ लिटल" में न केवल हमें बदलने की बल्कि दूसरों को प्रेरित करने की भी क्षमता है। यह अहसास मेरी व्यक्तिगत परिवर्तन यात्रा की शुरुआत थी।

मैंने 2021 के पूरे कैलेंडर वर्ष में सेल्स एंड लीडरशिप पर 40 किताबें पढ़ने का लक्ष्य निर्धारित किया था। इसका उद्देश्य सेल्स, एलायंस और लीडरशिप की विभिन्न अवधारणाओं और दृष्टिकोणों के सिद्धांतों को समझना और 2 दशकों से अधिक की मेरी सेल्स और एलायंस यात्रा के अनुभवों के साथ संरेखित करना था। कैसे वह किताबी सिद्धांत और मेरे व्यक्तिगत अनुभव एक दूसरे के पूरक थे। अपनी आदतों को बदलना और रोजाना तीस मिनट पढ़ाई में लगाना और अपने विचारों को लिखना निश्चित रूप से एक कठिन काम था। लेकिन जीवन में मेरे मंत्र की तरह, "टाई योर शूज एंड रन टुवईस योर गोल", मैंने वृद्धिशील प्रगति में निवेश किया और कभी पीछे मुड़कर कभी नहीं देखा।

शुरुआत में, मेरी व्यक्तिगत परिवर्तन यात्रा चुनौतीपूर्ण और कठिन लग रही थी। मुझे ड्राइंग बोर्ड पर वापस जाना पड़ा और एक लक्ष्य निर्धारण मॉडल (4-I फ्रेमवर्क) पर काम करना पड़ा और 3एफ[2] सिंड्रोम पर काबू पाने के लिए नई आदतें और दिनचर्या बनानी पड़ी। इसके लिए मुझे अपने "पावर ऑफ लिटल" पर विश्वास करना पड़ा और धीरे-धीरे कुछ तिमाहियों के बाद मैंने पाया कि मेरी किताब एक अच्छा आकार ले रही है।

मुझे स्पष्ट रूप से याद है कि मैं जुलाई 2000 में दिल्ली में एमबीए पूरा करने के बाद मार्केटिंग ट्रेनी के रूप में एक कंपनी में नियुक्त हुआ था। मैं काफी घबराया हुआ था और समझ नहीं पा रहा था कि कहां से शुरुआत करूं। शुरुआती कुछ महीने काफी कठिन थे

---

2 3 एफ का तात्पर्य फियर, फ़ेल्यूर और फोरगेट से है, जिस पर प्रकरण 3 में विस्तार से चर्चा की जाएगी

क्योंकि मैं खुद को ऐसे काम करने के लिए प्रेरित कर रहा था जो नए थे और मेरे कमफर्ट ज़ोन से बाहर थे,जैसे कि कोल्ड कॉल करना और अपने भावी कस्टमर्स से मिलना, लेकिन वे मेरे पेशेवर करियर के बहुत ही महत्वपूर्ण कदम थे। कुछ समय के बाद, मैंने सेल्स की बारीकियों और उसकी आवश्यकताओं को सीखा, और मैंने अपने सेल्स गेम में कुछ हद तक महारत हासिल की। और अगले दशक में, मैंने अपने सेल्स स्किल्स को और निखारा और कॉर्पोरेट सीढ़ी पर चढ़ने के गुर सीखे। मैं तब एक सेल्सपर्सन के रूप में बहुत सहज हो गया था।

लेकिन 2010 में, एक दशक के अनुभव के बाद, मैंने पाया कि मैं अभी भी अपने विकास से असंतुष्ट महसूस कर रहा हूं (यथास्थिति से असंतुष्ट होना कोई बुरी बात नहीं है)। संतुष्टि के परिणामस्वरूप आत्मसंतोष हो सकता है और हमारे "कमफर्ट ज़ोन" से बाहर जाने की हमारी इच्छा को खत्म कर सकता है। मुझे भी यह एहसास हुआ कि मैं पिछले 10 वर्षों से वही काम कर रहा था, और मेरी सीखने की गति धीमी हो रही थी।

उसी पल मैंने इनसीड (सिंगापुर) से जनरल मेनेजमेंट के एक लीडरशिप प्रोग्राम में खुद को नामांकित करने का निर्णय लिया। वहाँ पर मैंने बहुत कुछ सीखा और नए अनुभव मिले, मेरे व्यक्तित्व के मूल्यांकन ने मुझे अपने व्यक्तित्व को निखारने में और एक आत्मविश्वासपूर्ण उभयमुखी (एम्बिवर्ट)[3] व्यक्ति बनने में मदद की। मैं विभिन्न उद्योगों, क्षेत्रों और भौगोलिक स्थानों के बैच साथियों से मिला, जिससे दुनिया को जानने के बारे में मेरा दृष्टिकोण और भी व्यापक हो गया, और मैं विभिन्न व्यावसायिक कार्यों और पहलुओं (विश्व स्तरीय प्रोफेसरों के साथ जुड़ना और वास्तविक जीवन के

---

3   कैम्ब्रिज डिक्शनरी एक एम्बिवर्ट को एक ऐसे व्यक्ति के रूप में वर्णित करती है जिसके व्यक्तित्व में अंतर्मुखी (= कोई ऐसा व्यक्ति जो अकेले समय बिताना पसंद करता है) और एक बहिर्मुखी (= कोई ऐसा व्यक्ति जो अन्य लोगों के साथ रहना पसंद करता है) दोनों की विशेषताएं होती हैं। इन्हें सामाजिक अंतर्मुखी भी कहा जाता है।

मामले के अध्ययन पर काम करना) से अवगत हुआ। इसने मेरे विकास को और गति दी क्योंकि अगले दशक में मैंने माइक्रोफोकस और सुसे (Suse) जैसे संगठनों में विभिन्न टीमों के नेतृत्व करने की भूमिकाएँ करी।

मैं लगातार आगे बढ़ रहा था, लेकिन जब कोविड महामारी शुरू हुई, मैं एक बार फिर चौराहे पर खड़ा था और खुद से पूछ रहा था, "आगे क्या करना है?" मैंने काफी समय नया ज्ञान अर्जित करने में लगाया, तो मुझे एक और एहसास हुआ कि मेरा विकास पथ नेतृत्व की पोजिशनल पावर (अगली पदोन्नति या भूमिका) की ओर नहीं था, बल्कि नेतृत्व की पर्सनल पावर (स्वयं का नेतृत्व करने और दूसरों को प्रेरित करने के लिए) की ओर था। जनवरी 2021 में, मैंने खुद को एक व्यक्तिगत विकास कार्यक्रम में नामांकित किया जिसने नई अंतर्दृष्टि और दिशा दी। मैं उभरते लीडर के एक नए वर्चुअल समुदाय का हिस्सा बन गया, जो स्व-प्रेरित था, जिन्होंने मुझे VUCA[4] दुनिया में होने के बावजूद अपनी क्षमता और अवसरों का पता लगाने के लिए प्रेरित किया। मैंने अपने बिजनेस पार्टनर्स से वस्तुतः कोविड के बीच मुलाकात की और लीडरशिप कार्ड (K.A.R.D). नामक एक कोचिंग और ट्रेनिंग ऑर्गेनाइज़ेशन की स्थापना की, जो की 1 मिलियन उभरते लीडर्स की समस्याओं को हल करने के मिशन पर है। मैंने अपना कोचिंग करियर दूसरों को उनकी पूरी क्षमता हासिल करने में सहायता करने के लिए शुरू किया।

दिसंबर 2020 में मेरे दोस्त किरण दीप संधू के साथ वर्चुअल चर्चा, जो अब लीडरशिप कार्ड (K.A.R.D.) में पार्टनर है, ने मुझे यह किताब "बिल्ड योर सेल्स मसल्स" लिखने के लिए प्रेरित किया और मैंने अपनी सीख और अनुभव को साझा करने के बारे में गंभीरता से सोचा।

---

4   VUCA - अस्थिरता (वोलेटिलिटी), अनिश्चितता (अनसर्टेनिटी), जटिलता (कंप्लेक्सिटी), अस्पष्टता (एंबीगुटी)

पिछले 24 वर्षों में, मैंने अपने पेशे में आईटी हार्डवेयर और सॉफ्टवेयर कंपनी जैसे कि ओआरजी (ORG), एचसीएल (HCL), सिफी (Sify) नोवेल, (Novell), माइक्रोफोकस (Microfocus), सुसे (SUSE) के साथ काम किया है और वर्तमान में कैनोनिकल (Canonical) के साथ काम कर रहा हूं। मैंने लैपटॉप, पीसी, सर्वर, स्टोरेज, नेटवर्किंग, एमपीएलएस-वीपीएन, इंटरनेट, डेटा सेंटर होस्टिंग, सॉफ्टवेयर सुरक्षा, आईटी ऑपरेशंस मैनेजमेंट और विभिन्न ओपन-सोर्स सॉफ्टवेयर जैसे विभिन्न प्रॉडक्ट, सर्विस या सॉल्यूशन कई बी2बी[5] कस्टमर्स (एंटरप्राइज़, सरकारी) को और ग्लोबल पार्टनर्स को प्रत्यक्ष या अप्रत्यक्ष सेल्सपर्सन के रूप में बेचा है। मैंने दुनिया भर में ट्रैवल किया है, कई ग्राहकों और सहकर्मियों से मुलाकात की है, वैश्विक टीमों के साथ काम किया है, सहयोगियों से मुलाकात की है और इस प्रक्रिया में मैंने जीवन भर के लिए कई दोस्त बना लिए हैं।

कई असफलताएँ और कुछ सफलताएँ मिली हैं, लेकिन मेरा मानना है कि यह सब उन असफलताओं के जश्न मनाने के बारे में है, क्योंकि हम अपनी सफलताओं के बजाय अपनी असफलताओं से अधिक सीखते हैं। मेरी असफलताओं और सफलताओं ने मुझे कई सबक सिखाए हैं और मेरी सेल्स मसल्स को मजबूत करने में मेरी मदद की है। "बिल्ड योर सेल्स मसल्स" पीपल, प्रोसेस और प्रोडक्ट्स के साथ मेरे अनुभवों का सार है जो अंततः इस किताब के रूप में सामने आया है।

इस किताब के उद्देशित रीडर विशेष रूप से, आईटी उद्योग से, बी2बी सेल्स के सेल्सपर्सन हैं जो निश्चित रूप से किताब की बहुत सी बातों से जुड़ेंगे लेकिन सामान्य तौर पर किताब के लेखन को कोई भी अपने दैनिक जीवन में लागू कर सकता है क्योंकि सेल्स के नियम हर किसी की जिंदगी में लागू होते है।

---

5   बी2बी (B2B) -बिजनेस टू बिजनेस

हालाँकि, क्या मैं आपको-प्रिय वाचको को इस पुस्तक को अपनी स्वयं की चिंतनशील यात्रा शुरू करने के लिए उत्प्रेरक के रूप में उपयोग करने के लिए प्रोत्साहित कर सकता हूँ। प्रत्येक प्रकरण आपको अपनी सेल्स यात्रा पर विचार करने में मदद करेगा कि आप अपनी सेल्स मसल्स कैसे बना सकते हैं। प्रत्येक प्रकरण में व्यक्तिगत कहानियाँ, अंतर्दृष्टि, पाठ और टिप्स हैं और प्रकरण से संबंधित प्रश्नों के साथ समाप्त होता है जो आपकी विचार प्रक्रिया का मार्गदर्शन करेगा।

प्रिय वाचक, इस किताब को खरीदने और मेरे साथ "बिल्ड योर सेल्स मसल्स" की इस यात्रा पर निकलने के लिए धन्यवाद। तो आइए इस इरादे और लक्ष्य के साथ शुरुआत करें कि हम इस किताब को पढ़ेंगे और इसे पूरा करेंगे, क्योंकि एक सेल्सपर्सन की यात्रा लक्ष्य निर्धारित करने और उन्हें पूरा करने से शुरू होती है।

तो, आप किसका इंतज़ार कर रहे हैं? "टाई योर शूज एंड रन टुवईस योर गोल" - देवेश मोहन

सेल्स मसल्स बिल्ड करने के मूलसिद्धांत

प्रकरण 1

द सर्कल ऑफ सेल्स

"एरिया और सरकमफेरेंस"। अभी हाल ही मे, मैं इसी विषय पर कुछ गणित के प्रॉब्लेम्स को हल करने में अपनी बेटी की मदद कर रहा था। जो कार्य था वो पूरा हो गया और जैसे ही मेरी बेटी गई, मुझे एरिया ऑफ सर्कल के फार्मुला ने कुछ सोचने पर मजबूर कर दिया।

लगभग 25 वर्षों से, मैं सेल्स के फील्ड से जूड़ा हुआ हूं और मुझे व्यक्तिगत रूप से उस दिन अपनी बेटी को पढ़ाते वक्त लगा कि सेल्स साइकल और एरिया ऑफ ए सर्कल फॉर्मूला मे बहुत संबद्धहता है। मैं यह क्यों कह रहा हूं? मेरी राय में, फॉर्मूला का प्रत्येक घटक सेल्स साइकल के हर चरण पर मार्गदर्शन देता है और उसे अलग अलग भूमिकाओं के अंतर्गत रखा जा सकता है।

निम्नलिखित प्रश्न हमें सेल्स साइकल की बुनियाद बनाने में सहायता करेंगे:

- सेल्स साइकल के विभिन्न चरण क्या हैं?

- सर्कल के फॉर्मूला का प्रत्येक वेरिएबल, सेल्स साइकल में क्या दर्शाता है?

- गणितीय सूत्र के बजाय, मैंने एक सेल्स फॉर्मूला बनाया है जिसे मैं "द सर्कल ऑफ सेल्स" कहता हूं।

क्या आप इस बात से हैरान हैं कि द सर्कल ऑफ सेल्स का किसी सर्कल के एरिया के फॉर्मूला से कोई संबंध या प्रासंगिकता है? चलिये मैं आपको समझता हूं।

द सरकल आफ सेल्स

सेल्स साइकिल में विभिन्न चरण होते हैं जो कि लीड्स उत्पन्न करने से लेकर अंततः सेल्स क्लोज़ करने तक होते हैं।

इसी प्रकार द सरकल आफ सेल्स के प्रत्येक घटक, जैसे कि अभिव्यक्ति (एक्सप्रेशन) π (pi), "रेडियस" और "एक्सपोनेंट", एरिया आफ ए सरकल का फॉर्मूला (सूत्र) बनाते हैं।

आइए तो हम "पाई" को "मिस्टर कॉन्स्टेंट" मानें। प्रत्येक सेल्स साइकल, सेल्स की गाइडलाइंस के साथ शुरू होती है, या जैसा कि हमने इसे कहा है, मिस्टर कॉन्स्टेंट। प्रत्येक ओर्गेनाइजेशन अपने सेल्सपर्सन (आम तौर पर सेल्स डेवलोपमेंट रिप्रेज़ेंटेटिव के रूप में जाना जाता है) के लिए एक प्रक्रिया बनाती है, जिसका प्रभावी ढंग से पालन करने की आवश्यकता होती है। उदाहरण के लिए, डिमांड और लीड जनरेशन फेस, पिच और पावर स्टोरी, क्षेत्रों और इंडस्ट्री वरटिकल अकाउंट की पहचान करने और ग्राहकों के प्रोफाइल को समझने के लिए गाइडलाइंस निर्धारित की जाती हैं।

चित्र 1: पाई (मिस्टर कोस्टेंट) को दर्शाता है

शुरुआती चरण में, मार्केटिंग टीम, मार्केटिंग क्वालिफाइड लीड (MQLs) की पहचान करने के लिए विभिन्न डिमांड जेनरेशन एक्टिविटीज़ (ईमेल, सोशल मीडिया एंगेज्मेंट्स, वेबिनार, अवेयरनेस कैंपेन आदि) को क्रियान्वित करती है। उन को MQLs कहा जाता है जो आपकी वेबसाइट विजिट करते है या आपके विज्ञापनो को क्लिक करते हैं और उनमें से कुछ आपके सदेशों का जवाब देते हैं, जिनकी आपके प्रोडक्ट्स और सर्विसीज में रुचि होती है। ये MQLs आगे SDRs को भेजे जाते हैं, जो बजट, अथॉरिटी, नीड्स और टाइमलाइन (BANT) योग्यता प्रक्रिया के माध्यम से उनके खरीदने के इरादे की गंभीरता को समझते हैं। ज़्यादातर ऑर्गेनाइजेशन ऐसी प्रक्रियाएं बनाते हैं जिनका पालन SDR[6] लीड की योग्यता निर्धारित करने के लिए करते हैं।

सेल्स साइकल के इस शुरुआती भाग में SDRs, MQLs के साथ अलग-अलग माध्यम से जुड़ना शुरू कर देते है, चाहे फोन पर, ईमेल के माध्यम से, या अपने सोशल मीडिया अकाउंट से। वे MQLs के प्रोफ़ाइल, उनके उद्योग या स्किल सेट आदि के अनुसार और समय के साथ उनके लिए निर्धारित उनकी पेशकशों की योग्यता को समझकर, अपनी पिच की स्क्रिप्ट को बेहतर करते है और सेल्स प्रक्रिया का पालन करते हैं। यह जानकारी इकट्ठा करने के बाद वह अपनी पिच को थोड़ा सा, व्यक्ति अनुसरण बना कर उससे बात करना प्रारम्भ करते है। इस प्रक्रिया के माध्यम से वे MQL को सेल्स क्वालिफाइड लीड (SQL) में परिवर्तित करते हैं। उद्योगों और चैनलों के एक व्यापक सर्वे के अनुसार, MQL से SQL का 13% रूपांतरण दर एक अच्छा बेंचमार्क है, जहां मार्केटिंग डिपार्टमेंट MQLs, SDRs को देते है, और वह उनको क्वालीफाई कर के SQLs में बदलते है (www.klipfolio.com, n.d.)। SDR इस प्रक्रिया को दोहराते रहते हैं और अक्सर एक समय के बाद, समान परिणाम प्राप्त करते रहते

---

6   SDR को इनसाइड सेल्स स्पेशलिस्ट या डिजिटल सेल्स स्पेशलिस्ट के रूप में भी जाना जाता है

हैं। अंततः, उनकी असरकारकता अधिकतम तक पहुंच जाती है और MQL से SQL का उनका रूपांतरण दर लगभग कॉन्स्टंट हो जाता है।

डिमांड जेनेरेशन कैंपेन का पालन करते हुए, लीड क्वालिफ़िकेशन प्रोसेस (π-पाई) पूरा हो जाने के बाद, SQL को अगले चरण के क्वालिफ़िकेशन प्रोसेस के लिए अकाउंट एक्ज़ीक्यूटिव्स को ट्रांसफर कर दी जाती है।

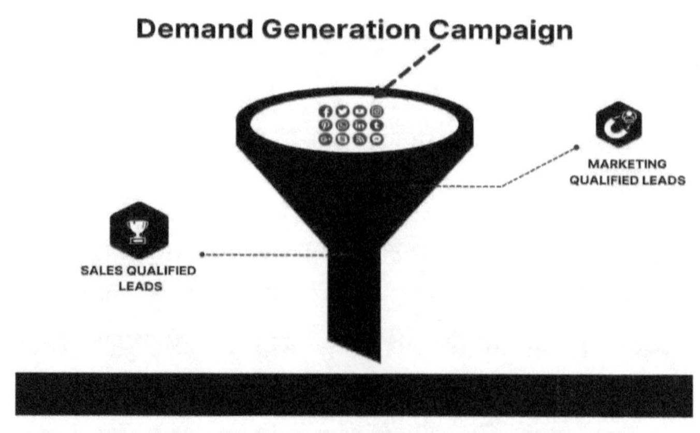

चित्र 2: डिमांड जनरेशन पाइपलाइन को दर्शाता है

सर्कल के फॉर्मूला में अगली भूमिका विज़िबल "रेडियस" की है। आइए विज़िबल "रेडियस" को मिस्टर "वेरिएबल" मानें। मिस्टर वेरिएबल उस समय काम में आते हैं जब सेल्सपर्सन, जिन्हें सेल्स शब्दावली में अकाउंट एक्जीक्यूटिव के रूप में जाना जाता है, अपने भावी कस्टमर्स से मिलते है। यहां, सेल्सपर्सन की "विल- इच्छा शक्ति" और "स्किल- कौशल" दोनों उसकी "वेरिएबलिटी" को प्रभावित करते हैं।

चित्र 3: विज़िबल R (मिस्टर वेरिएबल) को दर्शाता है

- सेल्सपर्सन की "विल- इच्छा शक्ति" उन्हें भावी कस्टमर्स की सुरक्षा के कवच को भेदने में मदद करती है। शोध से पता चलता है कि एक मीटिंग के बाद, 80% सेल्स के लिए पांच फॉलो अप कॉल की आवश्यकता होती है, लेकिन 44% सेल्स रिप्रेज़ेंटेटिव पहली कॉल के बाद ही हार मान लेते हैं (विलियम्स, 2020)। इसलिए, सेल्सपर्सन को अपनी "इच्छा शक्ति" दिखाना और अपनी पहली मीटिंग के बाद उम्मीदों से जुड़े रहने का दृढ़ संकल्प दिखाना महत्वपूर्ण है। इस चरण में, सेल्सपर्सन को जागरूक रहना होगा कि मजबूत पिच और भावी कस्टमर की उचित प्रोफाइलिंग के बावजूद उनकी रिजेक्शन की संभावना अधिक है। एक "ना" सेल्सपर्सन के मन में आत्म-संदेह और रिजेक्शन का डर[7] पैदा कर सकती है। हालाँकि, इस स्तर पर, सेल्सपर्सन

---

7   रिजेक्शन का डर- जो लोग इस सिंड्रोम से पीड़ित हैं उन्हें दूसरों द्वारा पसंद न किए जाने या स्वीकार न किए जाने का डर होता है और वे कम

को वापस लौटने और आगे बढ़ने के लिए अपने विकल्पों का मूल्यांकन करने के लिए मजबूत "इच्छा शक्ति" का अभ्यास करते रहना चाहिए। सूक्ष्म द्रष्टि प्राप्त करने के लिए इन विकल्पों पर सहकर्मियों, तकनीकी सहयोगियों, साथियों, नेटवर्क और मेनेजर आदि के साथ सुझाव और विकल्प तलाशने के लिए चर्चा करी जानी चाहिए। हालाँकि, इस बात की कोई गारंटी नहीं है कि भावी कस्टमर के साथ यथास्थिति बदल जाएगी। ऐसी स्थिति में, सेल्सपर्सन के लिए अत्यावश्यक हो जाता है कि वह आगे बढ़ें और अपनी ऊर्जा और ध्यान को अन्य भावी कस्टमर पर केंद्रित करें।

- "स्किल- कौशल" वह सेल्सपर्सन की क्षमता है जिसका उपयोग करके वह भावी कस्टमर से तार्किक जांच कर सकता है और वह उन बिंदुओं की पहचान कर सकता है जिससे वह उनको या तो प्रदर्शन या वाणिज्यिक रूप से, या दोनों से इस भागीदारी में लाभान्वित कर सकता हैं। एक सेल्सपर्सन को सफलता के वेरिएबलिटी फैक्टर में सुधार करने के लिए नई स्किल सीखकर और फिर उन्हें अपने काम पर लागू करके अपनी "स्किल- कौशल" में सुधार करने पर लगातार काम करना पड़ता है। प्रमुख स्किलस में से एक जिसमे सेल्सपर्सन को सीखना और प्रवीणता हासिल करना आवश्यक है, वो है भावी कस्टमर की घोषित और अघोषित, दोनों जरूरतों को उजागर करने के लिए प्रभावी जांच प्रश्न पूछना। एक अन्य महत्वपूर्ण स्किल जिसे एक सेल्सपर्सन को सीखने में काफी समय लगता है, वो है सुनने की कला, ताकि जांच प्रश्न द्वारा प्राप्त की गई जानकारी सेल्सपर्सन द्वारा प्रभावी ढंग से समझी जा सके।

आत्मविश्वास, कम आत्मसम्मान, शर्म और अपराधबोध का अनुभव करते हैं (रिसर, **2022**)

सेल्सपर्सन को प्रतिकूल घटनाओं की पहचान करनी होगी जो भावी कस्टमर की यथास्थिति बदलने के लिए प्रेरित करेगी, और इसके लिए उन्हें उदाहरण के तौर पर नीचे सूचीबद्ध जांच प्रश्न पूछने की आवश्यकता है।

a. क्या मौजूदा सॉल्यूशन उन सुविधाओं को देने में असमर्थ है जिनको भावी कस्टमर तलाश कर रहे हैं?

b. मौजूदा सॉल्यूशन का नवीनीकरण या बदलाव कब होगा?

c. क्या प्रतिस्पर्धा ने कोई नया सॉल्यूशन लॉन्च किया है जो बाजार में बदलाव ला सकता है, और आप इसका मुकाबला कैसे करेंगे?

d. क्या उपयोगकर्ताओं का उपभोग व्यवहार (कंसंप्शन बिहेवियर) बदल गया है जिसके लिए पेशकशों में वृद्धिशील इनोवेशन लाने की आवश्यकता है?

इसलिए, सेल्सपर्सन को अपनी सफलता की संभावना बढ़ाने के लिए "विल -इच्छा शक्ति" और "स्किल- कौशल" की कला में महारत हासिल करके मिस्टर वेरिएबल पर काम करते रहना पड़ेगा।

सेल्स के सर्कल का एक और बहुत महत्वपूर्ण पहलू, जिसे अक्सर भुला दिया जाता है, वह है इन्विजिबल "रेडियस"। आइए इन्विजिबल "रेडियस" को "मिस्टर एक्सपोनेंशियल" या "इन्विजिबल R" (भावनात्मक बुद्धिमत्ता और विश्वास) मानें। जो की एक प्रभावी गेम चेंजर हो सकता है।

एक सेल्सपर्सन जो भावनात्मक स्तर पर अपने भावी कस्टमर के साथ जुड़ने में सक्षम है, वह उन के मन में भरोसा, तालमेल और आत्मविश्वास पैदा करने में सफल हो सकता है और भविष्य में आने वाले सेल्स अवसरों को जीतने में अपनी संभावना को और सुदृण कर सकता है। हे ग्रुप द्वारा किए गए एक अध्ययन में पाया गया कि, फॉर्च्यून 500 कंपनियों में से 44 कंपनियों के, उच्च ईक्यू (EQ) वाले सेल्सपर्सन ने औसत या औसत से कम स्कोर वाले सेल्सपर्सन की

तुलना में दोगुना रेवन्यू पैदा किया (खान, 2020)। इसलिए, मानव मस्तिष्क के मनोविज्ञान, भावनात्मक बुद्धिमत्ता और चीजों को एक निश्चित तरीके से क्यों किया जाता है, इसके बारे में सीखना एक सक्षम सेल्सपर्सन[8] को प्रतिस्पर्धात्मक लाभ दे सकता है।

चित्र 4: इनविज़िबल R (मिस्टर एक्सपोनेंशियल) को दर्शाता है

संक्षेप में कहें तो, सेल्स साइकिल का हर एक चरण इन भूमिकाओं में से एक के अंतर्गत आता है - मिस्टर कॉन्स्टेंट, मिस्टर वेरिएबल और मिस्टर एक्सपोनेंशियल। एक सर्कल के एरिया के समान, जितना अधिक एक सेल्सपर्सन उनके बारे में जानता है, उसके सेल्स गेम में सफल होने की संभावना उतनी ही अधिक होती है।

हालाँकि, सेल्सपर्सन को यह ध्यान में रखना होगा कि यदि कोई भी घटक गायब है, तो सेल्स के सर्कल में सफलता का फॉर्मूला काम नहीं कर सकता है, जैसे कि सर्कल के एरिया के फॉर्मूला में। अपनी डील क्लोज़ करने के लिए, द सर्कल ऑफ सेल्स के फॉर्मूले का पालन करना सुनिश्चित करें।

---

8   प्रकरण 4 और 5 में, लेखक मिस्टर एक्सपोनेंशियल और कस्टमर के साथ भावनात्मक संबंध और विश्वास कैसे बनाया जाए, इस पर चर्चा करता है।

चित्र 5: सेल्स के चक्र को दर्शाता है

The Circle of Sales: A = $\pi.r^2$

सेल्स मसल्स बिल्ड करने का समय

अपनी सेल्स पिच लिखें

____

____

____

____

____

इसका 10 बार अभ्यास करें और फिर अपना एक वीडियो रिकॉर्ड करें और उसको बार-बार देखें कि आपने इसे कैसे बोला है। वीडियो का विश्लेषण करें और पहचानें कि आप कैसे और बेहतर कर सकते हैं?

अपने वीडियो का विश्लेषण करने के लिए निम्नलिखित स्व-मूल्यांकन ग्रिड का उपयोग करें:

- बॉडी लैंगवेज़
- टोन
- कंटेन्ट
- तैयारी

अब इसे फीडबैक के लिए किसी विश्वसनीय सहकर्मी को दिखाएं और सुधार के लिए सुझाव मांगें। अभ्यास करें और अपने आप को फिर से रिकॉर्ड करें। आपके आत्म-सुधार के लिए योजिक लाभ आपकी पिच स्टोरी में प्रतिबिंबित होने लगेगा।

अगली बैठक में आप अपने भावी कस्टमर से पूछने के लिए 5 प्रमुख प्रश्नों की सूची बनाएं। अब, उनसे जो संभव प्रतिक्रियाएँ आपको सुनने को मिल सकती हैं, उस पर विचार करें। आप उनका कैसे सामना करेंगे?

____

____

____

____

अपनी उन सेल्स की जीतों में से एक पर विचार करें जहां आपने डील हासिल करने के लिए इनविज़िबल R शक्ति का प्रदर्शन किया था। उन तीन गतिविधियों की सूची बनाएं, जिससे कस्टमर ने आपके पक्ष में निर्णय लेने का मन बनाया।

____

____

____

____

प्रकरण 2

सेल्स में सफलता की मानसिकता विकसित करने की पूर्व शर्त

अपना सारा जीवन, मैं उत्तर प्रदेश भारत में मुख्यतः हिंदी भाषी क्षेत्रों के छोटे शहरों में रहा और अपना अध्ययन किया। मेरी पहली भाषा हिंदी है, और मुझे एमबीए में प्रवेश लेने से पहले अंग्रेजी बोलने के सीमित अवसर ही मिले थे। इसलिए, अंग्रेजी में मेरा बोलने का प्रवाह संदेहयुक्त था, और जब मैने नौकरी में भावी कस्टमर्स के साथ संवाद किया, तो अंग्रेजी भाषा में आत्मविश्वास की कमी ने चिंता की एक और परत चढ़ा दी। इसके अलावा, शुरू में मेरा व्यक्तित्व अंतर्मुखी (इंट्रोवर्ट) था जो अब विकसित होकर उभयमुखी (एंबीवर्ट) बन गया है। हालाँकि एमबीए मार्केटिंग ने मुझे सैद्धांतिक ज्ञान से सुसज्जित कर दिया था, पर एक सेल्सपर्सन के रूप में मेरी "विल - इच्छाशक्ति" और "स्किल - कौशल" को परखने की असली परीक्षा नौकरी लगने के एक सप्ताह के भीतर शुरू हुई जब मुझे बिना किसी तैयारी के अपरिचित हालातों का सामना करते हुए नए कस्टमर्स की तलाश करने के लिए बोला गया।

शुरुआती दिनों में, मुख्य रूप से मेरे शर्मीले, अंतर्मुखी व्यक्तित्व और खराब कम्युनिकेशन स्किल के कारण मुझमें दूसरों के सामने बोलने में आत्मविश्वास की कमी थी। मैं जब सेल्स कॉल पर जाता था तब, अपना परिचय देने में, जिस कंपनी का मैं प्रतिनिधित्व कर रहा हूं उसके बारे में बताने में और हमारे द्वारा दिए गए प्रोडक्ट्स और सोल्युशंस के बारे में जानकारी देने में हमेशा घबराहट महसूस होती थी। ध्यान दें, यह सन 2000 का समय था जब लीड जनरेशन

विभिन्न कार्यालयों में व्यक्तिगत रूप से जाकर और भावी कस्टमर्स से बिना किसी नियुक्ति के उनके कुछ पल चुराकर किए जाते थे।

कुछ लोग आपकी सेल्स पिच सुनते थे, लेकिन कई लोग झिड़क देते थे। इससे भी बुरी स्थिति मेरी उन कार्यालयों में होती थी जिनके बाहर साइनबोर्ड लटके हुए थे - की "सेल्सपर्सन को अंदर आने की अनुमति नहीं है", ऐसी सेल्स कॉल्स घबराहट पैदा करनेवाली होती थी और रिजेक्शन[9] का डर और असफलता का डर[10] मेरे प्रबल विचार[11] बन गये थे। जाने अंजाने मैंने एक सेल्सपर्सन[12] के रूप में, अपनी सफलता के प्रति नकारात्मक मानसिकता[13] विकसित कर ली थी।

मुझे याद है की अक्सर मैं अपने आप से सवाल करता था क्या मैं सेल्सपर्सन के रोल के लिए तैयार हूं? मेरे सीमित अनुभव के कारण मुझमे बहुत ही कम "विल- इच्छा शक्ति" और "स्किल- कौशल" या

---

9 रिजेक्शन का डर (फियर ऑफ रिजेक्शन) - जो लोग इस सिंड्रोम से पीड़ित होते हैं उन्हें दूसरों द्वारा पसंद न किए जाने या स्वीकार न किए जाने का डर होता है और वे कम आत्मविश्वास, कम आत्मसम्मान, शर्म और अपराधबोध का अनुभव करते हैं (रिसर, 2022)।

10 असफलता के डर (फियर ऑफ फेल्योर) को मेडिकल की भाषा में एटिचीफोबिया के नाम से भी जाना जाता है। यह किसी चीज़ में असफल होने का एक तर्कहीन और निरंतर डर है, और यह चिंता, घबराहट और शक्तिहीनता की भावनाओं का कारण पाया गया है (लॉन्ग, 2019)।

11 प्रबल विचार (डॉमिनेटिंग थॉट) - एक विचार जो किसी व्यक्ति के सभी कार्यों और विचारों को नियंत्रित करता है। प्रबल विचार शक्तिशाली, बार-बार आने वाले होते हैं और व्यक्ति के जीवन को देखने के तरीके को आकार देते हैं। किसी व्यक्ति के पास जितने अधिक विकृत और नकारात्मक विचार होते हैं, उतना ही अधिक वह खुद को नुकसान पहुंचाता है, नकारात्मक भावनाओं और कम आत्म-मूल्य से जूझता है (कोस, 2017)।

12 प्रकरण 3 में, लेखक डर पर अधिक विस्तार से चर्चा करता है।

13 इस किताब में नकारात्मक मानसिकता (नेगेटिव माइंडसेट) एक निराशावादी मानसिकता वाले व्यक्ति को संदर्भित करती है जहां दुनिया को धुंधले चश्मे के माध्यम से देखा जाता है, इसमें नकारात्मक पूर्वाग्रह होते हैं, और कम आत्म-मूल्य विकसित होता है।

कहे की बहुत कम सेल्स मसल्स थी, जिसके बारे में मुझे तब बहुत कम जानकारी थी। उस समय, मुझे इस बात की जानकारी नहीं थी कि सेल्स के पेशे में ज्यादातर लोगों को रिजेक्शन का डर महसूस होना स्वाभाविक है। मैंने सोचा कि मेरी सांस्कृतिक परवरिश और अपने विचारों को संप्रेषित करने में प्रवाह की कमी के कारण अपने और अपनी क्षमताओं के बारे में नकारात्मक भावनाओं का अनुभव करने वाला मैं एकमात्र व्यक्ति था। मुझे याद है कि हर बार जब मुझे भावी कस्टमर्स के साथ मीटिंग से कोई सकारात्मक परिणाम नहीं मिलता था तो मैं अपने आप को कोसता हुआ कुछ दिन गुजारता था। मैं स्थिति का अति-विश्लेषण करता था और उन चीजों की एक सूची तैयार करता था जिन्हें मैं सेल्स कॉल के दौरान बेहतर ढंग से कर सकता था पर कर नहीं पाया, पर इससे मेरी अक्षमताएँ और अधिक उजागर हो जाती थी। उस समय, मुझे इस बात की जानकारी नहीं थी कि कई सेल्सपर्सन नकारात्मक सेल्स मानसिकता से पीड़ित हैं और यह सोच व्यक्ति के खुद पर विश्वास तथा समाज में खुद की प्रतिष्ठा, खोने के मामले जैसे गंभीर प्रभाव डाल सकते है (रोक, 2017)।

अब आइए सबसे पहले एक बड़े सवाल पर ध्यान दें - क्या एक सेल्सपर्सन के रूप में इस "रिजेक्शन के डर" और "असफलता के डर" पर काबू पाना संभव है?

मैं कहूंगा "नहीं!"

या कम से कम, पूरी तरह से नहीं, क्योंकि हर दिन, एक सेल्सपर्सन को भावी कस्टमर्स से मिलना और नए अवसरों की तलाश करना और डील क्लोज करना आवश्यक होता है। बी2बी[14] सेल्स में सामान्य सेल्स रूपांतरण अनुपात 10:3:1 है, जिसका मतलब है कि 10 कॉन्टेक्ट्स में से 3 भावी कस्टमर्स बन जाते हैं और उनमे से एक कस्टमर में परिवर्तित होता है (बैरेट, 2016)। यह परिवर्तन अनुपात

---

14 बी2बी-बिजनेस ट्र बिजनेस

ये दर्शाता है कि एक सेल्सपर्सन संभवतः सेल्स लाइफ साइकल के विभिन्न चरण में डील क्लोज़ होने तक "रिजेक्शन का डर" और "असफलता का डर" का अनुभव करता रहता है।

अब, आइए अगले प्रश्न पर ध्यान देते है - क्या नकारात्मक मानसिकता को सेल्स की सफलता की मानसिकता में बदलना संभव है?

बिल्कुल। मानसिकता में बदलाव के लिए 3C[15] एंटीडोट (करेज यानि की साहस, कंसिस्टेंसी यानि की स्थिरता कम्यूनिटी यानि की समुदाय) के साथ 3F[16] सिंड्रोम (फियर यानि की डर, फ़ेल्युर यानि की असफलता और फोरगेट यानि की भूल) पर काबू पाने के लिए आत्म-जागरूकता (वर्तमान स्थिति को समझने के लिए) की आवश्यकता होती है।

हालाँकि, सेल्स में सफलता की मानसिकता विकसित करने के लिए एक शर्त है।

हर व्यक्ति को "व्यर्थ प्रयासों के नियम" (लॉ ऑफ वेसटेड एफर्ट्स) के प्रति जागरूक रहना होगा और उसकी सराहना करनी होगी।

वैज्ञानिकों ने पाया है कि मनुष्य को छोड़कर अधिकांश जानवर, पेड़ और प्रकृति के अन्य रूप "व्यर्थ प्रयास" (वेस्टेड एफर्ट्स) के नियम के प्रति ग्रहणशील हैं (टाइम्स ऑफ इंडिया ब्लॉग, 2022)।

उदाहरण के लिए, कई मछलियों के आधे अंडे अन्य शिकारियों द्वारा खा लिए जाते हैं। भालू के आधे बच्चे युवा अवस्था से पहले ही मर जाते हैं (टाइम्स ऑफ इंडिया ब्लॉग, 2022)।

शेर केवल 25% शिकार में ही सफल होते हैं (अलर्ट, 2020)।

---

15 3 सी एंटीडोट करेज (साहस), कंसिस्टेंसी (निरंतरता) और कम्युनिटी (समुदाय)को संदर्भित करता है जिसकी चर्चा प्रकरण 3- सेल्स की सफलता की मानसिकता में की गई है।

16 3 एफ सिंड्रोम फियर (डर), फेल्योर (असफलता) और फॉरगेट (भूल) को संदर्भित करता है जिस पर प्रकरण 3- सेल्स की सफलता की मानसिकता में विस्तार से चर्चा की गई है।

जानवर विपरीत परिस्थितियों में भी हार नहीं मानते। प्रकृति का नियम है योग्यतम की उत्तरजीविता। कम सफलता दर के बावजूद वे प्रजनन और शिकार करना जारी रखते हैं।

दूसरी ओर, हम इंसान आम तौर पर सफलता की कमी को विफलता के रूप में देखते हैं और केवल कुछ प्रयासों के बाद बहुत आसानी से हार मान लेते हैं। हम सफलता की कमी का असर अपने आत्म-सम्मान पर पड़ने देते हैं। हमें धीरे-धीरे अपने आत्म-मूल्य पर सवाल उठाने पर मजबूर हो जाते है, और अनिश्चितता के गहरे कुएं में गिरते जाते है। सफलता की कमी का मतलब असफलता नहीं है, लेकिन मानव मस्तिष्क आम तौर पर समस्या को अपने मन से उससे भी बड़ा बना देता है, और परिणामस्वरूप प्रयास करना बंद कर देता हैं। असली असफलता हार मान लेना है और लगातार प्रयास करते रहना ही सफलता है। इसलिए सेल्स मे सफलता की मानसिकता को विकसित करने के लिए, एक सेल्सपर्सन को यह समझना होगा कि कोई "व्यर्थ प्रयास" नहीं है, बस सफलता में देरी हुई है। जब परिणाम पूर्वानुमानित न हों तो हमारे प्रयास निरर्थक और व्यर्थ लग सकते हैं। हालाँकि, प्रत्येक विफलता या सफलता प्राप्त करने में विलम्ब को, हमें सीखने का एक अवसर समझना चाहिए।

चित्र - 6 में "व्यर्थ प्रयासों का नियम" दर्शाया गया है, जहां विलंबित सफलता, विफलता नहीं है।

मुझे याद है कि 2018 में, मैं एक सॉफ्टवेयर प्रॉडक्ट कंपनी के लिए काम कर रहा था। मेरी टीम और मैं, अपने पार्टनर - एक ग्लोबल सिस्टम इंटीग्रेटर (GSI) का समर्थन कर रहे थे, जो मल्टी-मिलियन-डॉलर की डील में यूरोप स्थित, एक कस्टमर के लिए अपने प्रस्ताव के एक हिस्से के रूप में हमारे सोल्युशंस की भी पेशकश कर रहा था। हमने उस अवसर में भाग लेने के लिए पार्टनर के साथ बहुत निकटता से काम किया और इसके फलस्वरूप उनके परिसर में एक प्रयोगशाला स्थापित करके उनका समर्थन किया। जिससे की हम लोग निम्नलिखित पर कार्य कर पाएं:-

- कस्टमर की आवश्यकता के अनुसार विभिन्न उपयोग के मामले/प्रोटोटाइप को सैद्धांतिक रूप से दिखाना।

- कम से कम समय में प्रोटोटाइप को इंस्टॉल और इंटीग्रेट कर के प्रयोगशाला में दिखाना

- तकनीकी विशेषज्ञों को दूसरे विभागों से उधार पर कुछ समय के लिए ले कर प्रोटोटाइप पर जरूरत अनुसार काम करवाना।

- कस्टमर की आवश्यकता के अनुसार सर्वोत्तम श्रेणी के समाधान देना।

टीम और मैंने इस आरएफपी-RFP[17] पर लगभग छह महीने तक काम किया। हमारे प्रयास, समय, संसाधनों और सहयोग के बावजूद, हमारे पार्टनर (GSI) ने सौदा गवां दिया और परिणामस्वरूप, हम भी हार गए। अतीत में, मैंने इस स्थिति में, अपनी नकारात्मक मानसिकता के कारण होने वाले ऐसे विनाशकारी परिणाम के लिए खुद को और अपनी टीम को दोषी ठहराता। हालाँकि, आज, जब ऐसी परिस्थिति मेरे सामने आती है, तो मुझे पता है कि मेरा कोई भी प्रयास व्यर्थ नहीं गया है। मेरी आत्मचेतना और सेल्स सफलता की

---

17 आरएफपी - रिक्वेस्ट फॉर प्रपोज़ल (प्रस्ताव के लिए अनुरोध)

मानसिकता ने मुझे ऐसी हार के अवसर में भी कई सबक सीखने का मौका दिया है।

जैसे कि, कुछ मुद्दे निम्नलिखित हैं -

1. मैंने अपनी तकनीकी टीम के लिए समस्या विवरण को परिभाषित करने की कला में सुधार किया ताकि वे उपयोग के मामलों/प्रोटोटाइप पर कस्टमर का उचित समर्थन कर सकें।

2. मुझे विभिन्न वैश्विक आंतरिक और बाहरी टीमों के साथ सहयोग से काम करने का अवसर मिला।

3. आवश्यकताओं के आधार पर, कैसे अपने संसाधनों को सक्रिय रूप से प्रबंधित करना और अपेक्षित अनुमोदन को पाने की प्रक्रिया पर काम करना सीखा।

संक्षेप में, जब परिणाम पूर्वानुमानित न हों तो हमारा प्रयास निरर्थक और व्यर्थ लग सकता है।

हालाँकि, प्रत्येक विफलता या सफलता प्राप्त करने में देरी हमें सीखने का अवसर देती है।

हम सभी के पास एक विकल्प है - या तो अपनी असफलताओं को अपने पर हावी होने दें, या नई ऊर्जा और दृष्टिकोण के साथ खुद फिर से आगे बढे।

सेल्स की सफलता की मानसिकता एक ऐसा विकल्प है जिसे हम अपनी चुनौतियों/बाधाओं को अवसरों में बदलने के लिए चुन सकते हैं, यह याद रखते हुए कि कभी भी हमारा कोई भी प्रयास व्यर्थ नहीं जाता है।

सेल्स मसल्स बिल्ड करने का समय

एक कठिन कॉन्ट्रैक्ट का चिंतन करें जो आप जीत नहीं पाए। क्या आप इसे व्यर्थ प्रयास मानते हैं? यदि हां, तो उस हारने के अनुभव से सीखे गए तीन सबक की सूची बनाएं, जिसको अमल करके, बाद में आपको सफल होने में मदद मिली।

____

____

____

____

____

अपनी सेल्स मसल्स बढ़ाने के लिए अगले पृष्ठ पर चार्ट में अपनी दैनिक गतिविधियाँ लिखें।

विवरण	दिन 1	दिन 2	दिन 3	दिन 4	दिन 5	दिन 6	दिन 7
प्रतिदिन की जाने वाली सेल्स कॉल्स की संख्या							
कितने भावी कस्टमर "कोई दिलचस्पी नहीं" के साथ जवाब देते हैं?							
कितने भावी कस्टमर्स ने रुचि दिखाई और अधिक जानकारी चाही							
दिन के अंत में आपको कैसा महसूस हुआ? (उदाहरण: भावना- खुश, उदास)							
आज आपकी मानसिकता किस प्रकार की थी? सफलता की मानसिकता या नकारात्मक? आपकी ऐसी मानसिकता क्यों बनी?							

प्रकरण 3

सेल्स की सफलता की मानसिकता

मुझे अच्छी तरह से याद है कि 1999 में मैं अपने पहले सेल्स असाइनमेंट के लिए लखनऊ से गोरखपुर तक की बस में बैठा था। मैं एक ग्लास निर्माण कंपनी के साथ अपनी सेल्स इंटर्नशिप कर रहा था। मुझे पूर्वी उत्तर प्रदेश, भारत में डीलरों का संतुष्टि सर्वेक्षण करने का अपने जीवन का पहला कार्य मिला था और तीन प्रमुख सुधारों की रिपोर्ट बनानी थी ताकि ग्लास निर्माण कंपनी अपने प्रॉडक्ट में सुधार कर सके, और बदले में, उनकी सेल्स में सुधार हो सके।

मैं अत्यधिक उत्साहित था, क्योंकि डायरेक्ट सेल्स की जादुई दुनिया में प्रवेश करके मेरी सेल्स मसल्स को मजबूत करने की शुरुआत होने वाली थी। मैं इसलिए भी उत्साहित था क्योंकि, मैं अपना पहला स्टायपेंड अर्जित करने जा रहा था।

मुझे अलग-अलग छोटे शहरों में 40 डीलर्स से मिलने का काम सौंपा गया था लेकिन जैसे ही मैं बस में बैठा तो डर ने मुझे घेरना शुरू कर दिया था। मैंने डीलरों से मिलने के अपने दृष्टिकोण पर सवाल उठाना शुरू कर दिया। क्या वे मुझे अपेक्षित जानकारी देंगे? क्या मैं उनके प्रश्नों का उत्तर दे पाऊंगा? यदि मैं सर्वेक्षण के महत्व को समझाने में असफल रहा और अपेक्षित प्रतिक्रियाएँ प्राप्त करने में विफल रहा, तो मेरा मैनेजर क्या कहेगा? मेरा रिपोर्टिंग मैनेजर मेरी क्षमताओं को लेकर अपने मन में क्या छवि बनाएंगे? जब तक मैं स्थानीय डीलर से मिलने के लिए पहले शहर गोंडा पहुंचा, तब तक मेरे मन में डर बैठ गया था, और सर्वे के दौरान मुझे काफी घबराहट और तनाव होने लगा। मैंने डीलरों से प्रोडक्ट और सर्विसीज से संबंधित प्रश्न पूछे, लेकिन घबराहट में मैं कई उचित प्रश्न पूछना

भूल गया। उस यात्रा पर अपनी सेल्स मसल्स मजबूत करने के बजाय मैं अपने प्रदर्शन से निराश होकर और अपनी सेल्स की क्षमताओं के बारे में संदेह से भरा हुआ वापस लौटा। उस दिन, मैं कहीं से भी सेल्स की सफलता की मानसिकता के करीब नहीं था और इसका प्रभाव आने वाले समय में मुझे आत्मसंदेह से भरी नकरात्मक सेल्स वाली मानसकिता की तरफ धकेलने के लिए तैयार था।

दो दशक बाद, जब मैं वर्ष 2024 में यह पुस्तक लिख रहा हूं, मैं खुद को एक साहसी सेल्सपर्सन मानता हूं जो लगातार नए अवसरों की खोज कर रहा है, नए अनुभवों की तलाश कर रहा है और "फियर जोन - भय क्षेत्र" की छानबीन कर रहा है। 24 वर्षों की मेरी यात्रा ने मुझे कई सबक सिखाए हैं जिससे मुझे अपनी सेल्स मसल्स और सेल्स में सफल मानसिकता को बनाने में मदद मिली है। सेल्स में एक सफल सोच रखने का अर्थ है कि अस्वीकृति/विफलताओं को एक बढ़ने के अवसर के रूप में देखें। इसका मतलब है कि अपने लक्ष्य में निरंतर केंद्रित रहना और लगातार कुछ न कुछ नया सीखने की इच्छा रखना। मैं खुद का बेहतर संस्करण बनने के लिए लगातार नई आदतें अपना रहा हूं। मैं जिस किसी से भी मिलता हूं उससे सीखता हूं, क्योंकि मेरा मानना है कि दूसरों के अनुभवों से सीखने से, मेरे सीखने की गति तेज हो सकती है। मैं अलग-अलग समुदायों का हिस्सा रहा हूं, जो मुझे जीवन के विभिन्न क्षेत्रों के लोगों के साथ सीखने और नेटवर्किंग करने का अवसर देती है, और यह मुझे एक सेल्सपर्सन के रूप में "हां, मैं सेल्स कर सकता हूं" वाली मानसिकता या सेल्स में सफल होने की मानसिकता रखने के लिए प्रेरित करता है।

आत्म-संदेह से भरी नकारात्मक मानसिकता से सेल्स सक्सेस माइंडसेट वाले व्यक्ति तक की मेरी यात्रा में लगभग एक दशक लग गया। इस प्रकरण में, मैं अपनी सीख का अनुभव साझा करना चाहता हूं जिसे आप अपनी सेल्स मसल्स के निर्माण में तेजी लाने के लिए लागू कर सकते हैं। मुझे कई वर्षों तक एहसास ही नहीं हुआ कि मैं 3 एफ (3F) सिंड्रोम से पीड़ित हूं। मेरी तरह, कई सेल्सपर्सन अलग-अलग डिग्री तक 3 एफ सिंड्रोम से पीड़ित हैं।

इस 3F में शामिल हैं:

- फ़ियर (डर)

- फ़ेल्युर (असफलता)

- फरगेटफुलनेस (भूलना)

चित्र 7: 3F सिंड्रोम को दर्शाता है

फ़ियर (डर)

डर एक शक्तिशाली आदिम भावना है जो अनिश्चितता या खतरे की आशंका के कारण उत्पन्न होती है (फ़्रिट्चर, 2008)। आम तौर पर, डर वास्तविक खतरों से उत्पन्न होता है, जैसे कि सांप को देखना, लेकिन यह काल्पनिक खतरे से भी उत्पन्न हो सकता है (उदाहरण के लिए किसी भावी कस्टमर के सामने बोलना)। डर का सामना करने वाला व्यक्ति शारीरिक और भावनात्मक दोनों तरह की प्रतिक्रियाएँ प्रदर्शित करता है, जिसमें पसीना आना और कांपना से लेकर घबराहट और बेचैनी तक महसूस होना शामिल है (फ़्रिट्चर, 2008)। डर के प्रति ये बायोकेमिकल प्रतिक्रियाएँ तनाव, चिंता और भय पैदा करती हैं, और किसी व्यक्ति की खतरनाक स्थिति में तर्कसंगत रूप से कार्य करने की क्षमता को कम कर देती हैं।

सेलपर्सन को लगातार उनके "कम्फर्ट जोन"[18] से बाहर धकेल दिया जाता है, चाहे उन्हें कोल्ड कॉल करना हो, भावी कस्टमर्स से मिलना हो, नेगोशिएट करना हो, या नए आयामों को ढूंढना हो।

ये अनिश्चितताएं सेल्स कर्मचारियों के बीच खराब प्रदर्शन, कम डिलीवरी और समय सीमा पर कार्य को पूरा न करने का डर और तनाव पैदा कर सकती हैं। अपने करियर के शुरुआती दिनों में, मैं "रिजेक्शन के डर" और "असफलता के डर" से पीड़ित था, जो मेरे मन मे काल्पनिक और अतिश्योक्तिपूर्ण भय पैदा कर देता था, और उससे मेरे प्रदर्शन पर बुरा प्रभाव पड़ता था और एक सेल्सपर्सन के रूप में मेरी आत्म-छवि पर नकारात्मक प्रभाव डाला।

फ़ेल्युर (असफलता)

सेल्सपर्सन को अक्सर विफलता, या सेल्स की भाषा मे कहे तो - रिजेक्शन का सामना करना पड़ता था। अधिकांश उद्योगों में, रूपांतरण दर 10:3:1 है, जिसका अर्थ है कि 10 कॉन्टेक्ट्स में से 3 भावी कस्टमर्स बन जाते हैं और 1 कस्टमर में परिवर्तित हो जाता है (बैरेट, 2016)। यह सेल्स रूपांतरण अनुपात दर्शाता है कि एक सेल्सपर्सन लगातार "रिजेक्शन के डर" या बस, "रिजेक्शन" से निपट रहा है। मनुष्य के रूप में, हम सभी रिजेक्शन से नफरत करते हैं, और पर्याप्त अध्ययनों से पता चला है कि रिजेक्शन से सामाजिक दर्द, डिप्रेस मनोदशा, पीड़ा और क्रोध हो सकता है और आत्मसम्मान को खतरा हो सकता है (राजचर्ट एट अल., 2019)। एक सेल्सपर्सन भी अलग नहीं है, और वे लगातार रिजेक्शन (फ़ेल्युर) की इस भावना से निपट रहे हैं।

---

18 यहां रूपक "कमफर्ट ज़ोन" का तात्पर्य एक "व्यवहारिक स्थिति" से है, जिसके भीतर एक व्यक्ति चिंता-तटस्थ स्थिति में काम करता है, प्रदर्शन का एक स्थिर स्तर प्रदान करने के लिए आमतौर पर जोखिम की भावना के बिना" व्यवहार के सीमित सेट का उपयोग करता है। (बाईविक, 1991)

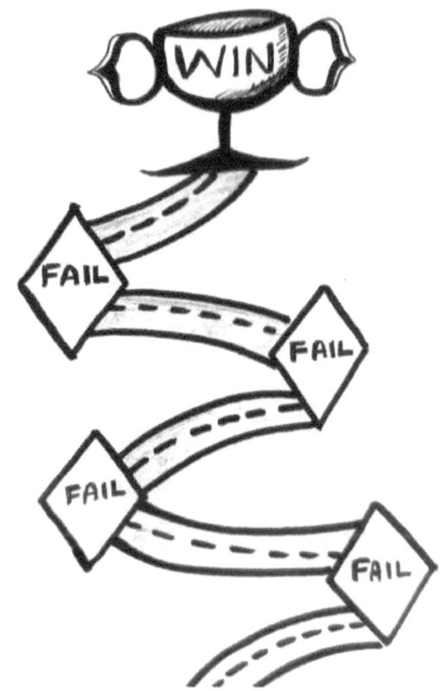

चित्र 8: असफलता से सफलता तक का मार्ग

फॉरगेटफुलनेस (भूलना)

भूलना हमारे दैनिक जीवन में एक सामान्य घटना है। कभी-कभी, ये मेमोरी स्लिप छोटी और महत्वहीन होती हैं, लेकिन कभी-कभी, इनके परिणाम भारी नुकसान दे सकते हैं। जैसे कि हम सेल्स में, एक मिस्ड फॉलो-अप कॉल के परिणामस्वरूप अवसर गवां सकते हैं, और सेल्स प्रपोजल में एक महत्वपूर्ण दस्तावेज को सलग्न करने से भूल जाने के परिणामस्वरूप सेल्स कांट्रैक्ट में देरी हो सकती है। ये मेमोरी स्लिप - बाहरी हस्तक्षेप, समय के खराब मेनेजमेंट, जानकारी प्राप्ति के लिए प्रक्रिया की कमी के जैसे कारणों की वजह से होती है।

बेहतर प्रदर्शन करने और सेल्स के लक्ष्यो को पूरा करने के लिए सेल्सपर्सन को लगातार नए प्रोडक्ट्स, कोल्ड काल्स, मॉक पिच स्पीच और बातचीत की ट्रेनिंग दी जाती है। हालांकि, यदि प्रशिक्षण और

अनुभवों के माध्यम से उन सिखाई हुई बातों का सेल्सपर्सन लगातार इस्तेमाल न करे, तो वह उनको भूल जाते है। और जब वह भूल जाते है तो दुर्भाग्यवश, वह बढ़ने का एक मूल्यवान अवसर भी खो देते हैं!

अब सवाल यह उठता है कि क्या 3एफ सिंड्रोम का कोई इलाज है जो सेल्सपर्सन को अपने डर, असफलताओं और भूलने की बीमारी का सामना करने के लिए और सेल्स सक्सेस माइंडसेट विकसित करने में मदद कर सकता है?

निश्चित रूप से! एक सेल्सपर्सन अपने 3सी (3C) एंटी डोट से, सेल्स मे सफलता की मानसिकता विकसित कर सकता है: प्रतिबद्ध होने का करेज (साहस) प्राप्त करना, सकारात्मक आदतों को विकसित करने के लिए कंसिस्टेंसी (निरंतरता), और कम्युनिटी (समुदायों) की शक्ति का उपयोग।

चित्र - 9: सेल्स की सफलता की मानसिकता विकसित करने के लिए 3सी के इलाज को दर्शाता है

करेज टू कमिट (जिम्मेदार होने का साहस)

डर पर काबू पाने के लिए, एक सेल्सपर्सन को "फियर जोन - डर के क्षेत्र" (अनिश्चितता) में कदम रखने का साहस विकसित करने की आवश्यकता है।

चित्र 10 में, सर्कल उस अदृश्य सीमा को दर्शाता है जिसे हम स्वयं बनाते हैं। यह घेरा 'कमफर्ट ज़ोन' को दर्शाता है जिसमें लोग आम तौर पर सुरक्षित और आरामदायक महसूस करते हैं, जहां आप सभी चीजों से भलीभांति परिचित है और कोई खतरा और अनिश्चितता नहीं है।

चित्र 10 कमफर्ट ज़ोन को दर्शाता है।

हालाँकि, विकास/प्रदर्शन "कमफर्ट ज़ोन" में स्थिर हो जाता है क्योंकि नई ऊँचाइयों का पता लगाने और उन तक पहुँचने की इच्छा या प्रोत्साहन बहुत कम हो जाता है। आगे बढ़ने के लिए, नए अवसरों और संसाधनों की तलाश में "कमफर्ट ज़ोन- आराम क्षेत्र" से बाहर निकलना अनिवार्य हो जाता है। जैसे ही आप आराम क्षेत्र से बाहर कदम रखते हैं, आप भय के क्षेत्र में प्रवेश कर जाते हैं जिसमें शामिल हैं:

* नये भावी कस्टमर्स से मुलाकात करना

- भावी कस्टमर्स से 'नहीं' सुनना
- वरिष्ठ अधिकारियों से संपर्क करना/बात करना (विशेषकर प्रशिक्षु सेल्सपर्सन)

इससे सेल्सपर्सन को विपरीत परिस्थितियों के बावजूद खुद पर विश्वास करने और सकारात्मक सोच की प्रक्रिया के लिए प्रतिबद्ध होने का साहस मिलता है। सेल्स करने वाले लोगों को लगातार साहस के साथ उन कोल्ड कॉल्स से जुड़े डर और उससे जुड़े नकारात्मक विचारों पर काबू पाने की आवश्यकता होती है। अपने प्रोडक्ट्स और सोल्युशंस के बारे में उन भावी कस्टमर्स से मिलने और साझा करने के लिए भी साहस की आवश्यकता होती है जिसमे उनकी रुचि नहीं है। आपको साहस प्रदर्शित करते हुए निर्धारित समय में कस्टमर्स के सवालो के जवाब देने की प्रतिबधता दिखानी होगी और साथ ही साथ विभिन्न स्टेकहोल्डर्स की मैपिंग भी करनी पड़ेगी। आपको साहस के साथ अपने कंपनी दवारा निर्धारित सेल्स लक्ष्यो से सहमत होना पड़ेगा जो अप्राप्य लग सकते हैं।

कहने का मतलब यह है कि सेल्स साहसी लोगों के लिए है, डरपोक के लिए नहीं!

कंसिस्टेंसी (निरंतरता)

फ़ेल्युर या रिजेक्शन पर काबू पाने के लिए, व्यक्ति को निरंतरता की आदत विकसित करने की आवश्यकता है, थॉमस वॉटसन जूनियर ने कहा है, "यदि आप अपनी सफलता दर बढ़ाना चाहते हैं, तो अपनी विफलता के दर को दोगुना करें।" यह तभी संभव है जब आप असफलता के सामने हार नहीं मानते हैं और सफल होने तक लगातार प्रयास करने का दृष्टिकोण विकसित करते हैं! सकारात्मक विचार और सकारात्मक विश्वास प्रणाली विकसित करना किसी भी लक्ष्य को प्राप्त करने का शुरुआती आधार हैं। लेकिन चुनौतियों और असफलताओं के बावजूद कार्य को दोहराने के लिए लगातार कार्रवाई की भी आवश्यकता होती है।

सेल्स में, SQL जीतने की दर 6% है और सेल्स को पूरा होने में औसतन 18 दिन लगते हैं (गेकोबोर्ड, n.d.), लेकिन यह रूपांतरण दर उद्योग और उत्पादों के आधार पर काफी भिन्न होती है। अल्प रूपांतरण दर के बावजूद, एक सेल्सपर्सन को प्रोस्पेक्टिंग बंद नहीं करनी चाहिए। उन्हें सेल्स लाइफ साइकल, जैसे कि उनकी पिच, डिलीवरी, आपत्ति प्रबंधन, समझौते की बातचीत और पोस्ट सेल्स सर्विसीज में सुधार करने के लिए लगातार खुद को बेहतर बनाने पर काम करना चाहिए, ताकि वे अपने समापन अनुपात में सुधार कर सकें। रूपांतरण प्रतिशत में लगातार किए गए प्रत्येक छोटा परिवर्तन के परिणामस्वरूप सफलता अनुपात में वृद्धिशील परिवर्तन होता है।

निरंतरता के साथ कार्य करना एक सक्षम सेल्सपर्सन का गुण है और ये एक आदत है जिसे सभी सेल्सपर्सन को विकसित करने पर काम करना चाहिए। जेम्स क्लियर की किताब, "एटॉमिक हैबिट्स" में, लेखक ने अच्छी आदतों (निरंतरता) को विकसित करने के महत्व को स्पष्ट रूप से समझाया है और कैसे अच्छी आदतों का आत्म-सुधार[19] में योगदान होता है (क्लियर, 2018)।

चित्र- 11: आत्म-सुधार के लिए चक्रवृद्धि ब्याज को दर्शाता है (क्लियर, 2018)

---

19 निरंतर सुधार-हर दिन छोटे परिवर्तन और सुधार, इस उम्मीद के साथ कि उन छोटे सुधारों से कुछ महत्वपूर्ण होगा (क्लियर, 2018)।

चित्र 11 "निरंतर सुधार" का शानदार उदाहरण है जहां "यदि आप एक वर्ष के लिए प्रत्येक दिन 1% बेहतर होते हैं तो आप काम पूरा होने तक 37 गुना बेहतर हो जाएंगे। इसके विपरीत, यदि आप एक वर्ष के लिए प्रत्येक दिन 1% खराब होते हैं, आप नीचे की ओर शून्य तक गिर जायेंगे!"

इसलिए, सेल्सपर्सन को अच्छी आदतें विकसित करके और समय-समय पर इन अच्छी आदतों का अभ्यास करके विकास और आत्म-सुधार की प्रक्रिया के लिए प्रतिबद्ध होना पड़ता है। ये अच्छी आदतें सेल्सपर्सन के जीवन के अन्य पहलुओं में व्याप्त हो जाती हैं और सेल्सपर्सन के रवैये पर सकारात्मक प्रभाव डालती हैं।

एक सेल्सपर्सन को लगातार याद रखना चाहिए कि विफलता एक ऐसा अनुभव है जो विकास के लिए आपको तैयार करता है क्योंकि "सफलता, सफलता पर आधारित नहीं होती है।" यह असफलता पर बनी है। यह हताशा पर बनी है और कभी-कभी इसका निर्माण आपदा पर होता है।" (रेडस्टोन, ए पैशन टू विन)।

हारनेस द पावर ऑफ कम्युनिटी (समुदाय की शक्ति का उपयोग करें) - तीसरे "एफ" पर यानि फॉरगेटफुलनेस (भूलना) पर काबू पाने के लिए समुदाय की शक्ति का उपयोग करना ही सबसे अच्छा तरीका है, या तो एक समुदाय बनाये या किसी समुदाय का हिस्सा बन जाये। समान विचारधारा वाले समुदाय का हिस्सा होने से व्यक्ति को जवाबदेह बने रहने और दूसरों से सीखने और बहुत तेज गति से बढ़ने का अवसर मिलता है। कई बार, एक व्यक्ति के रूप में हम यह भूल जाते हैं कि हम किस उद्देश्य के लिए खड़े हैं, हमारा डर हम पर हावी हो जाता है और जब हम असफल होते हैं तो हम अकेला महसूस करते हैं। उस समय, मार्गदर्शन, समर्थन और अंतर्दृष्टि के लिए समुदाय की ओर देखना हमारे आगे बढ़ने के अभियान को फिर से जगाने का एक शक्तिशाली उपकरण हो सकता है। हमारे समुदाय के लोग हमारी टीम के सदस्य, सहकर्मी, मित्र और समुदाय के वरिष्ठ

सदस्य हो सकते हैं जो कार्यस्थल पर चुनौतीपूर्ण समय में हमारा समर्थन करते हैं।

हाल के समय में, सोशल मीडिया के आगमन के साथ, वर्चुअल समुदाय भी बेहद महत्वपूर्ण हो गए हैं, अनुसंधान से पता चलता है कि वर्चुअल समुदायों का सामाजिक पूंजी (सोशल कैपिटल) पर सकारात्मक प्रभाव पड़ता है, जिससे उपयोगकर्ताओं को मजबूत नेटवर्क संबंध, सहयोग, सहभाग, नवाचार, सूचना के स्रोतों तक पहुंच और पेशेवर लाभ, साझा मूल्य, विचारों की विविधता और विश्वास और सुरक्षा की भावना मिलती है (सैंटोस, ओलिवेरा, चावेस, 2019)। एक सेल्सपर्सन नेटवर्क के लिए लिंक्डइन और फेसबुक ग्रुप पर समुदायों की शक्ति का लाभ उठा सकता है और समाधान खोजने के लिए ग्राहकों, प्रशिक्षकों, सलाहकारों और संसाधन व्यक्तियों तक व्यापक पहुंच बना सकता है।

अंत में, सेल्सपर्सन को एक सक्सेस सेल्स माइंडसेट की मानसिकता बनाने की आवश्यकता है, जिसके लिए व्यवहार परिवर्तन की यात्रा शुरू करनी होगी जो साहस की प्रतिबद्धता से शुरू होकर, आदतों को विकसित करने की निरंतरता, समुदाय की शक्ति का उपयोग करने तक चलती रहेगी।

सेल्स मसल्स बिल्ड करने का समय

अगले पृष्ठ पर तालिका में सेल्स की स्थिति के बारे में लिखें, जहां आपने 3एफ (3F) सिंड्रोम का अनुभव किया, जिन भावनाओं से आप गुजरे और चुनौती से उबरने के लिए आपने 3सी (3C) एंटीडोट का उपयोग कैसे किया?

3F	Situation (Describe a situation when you experienced this emotion?)	How did you feel when you experienced this emotion?	3C	Situation (Describe a situation when you used this antidote to overcome a challenge)
Fear			Courage	
Failure			Consistency	
Forget			Community	

द इनविज़िबल R भाग 1 - इमोशनल इंटेलिजेंस (भावनात्मक बुद्धिमत्ता)

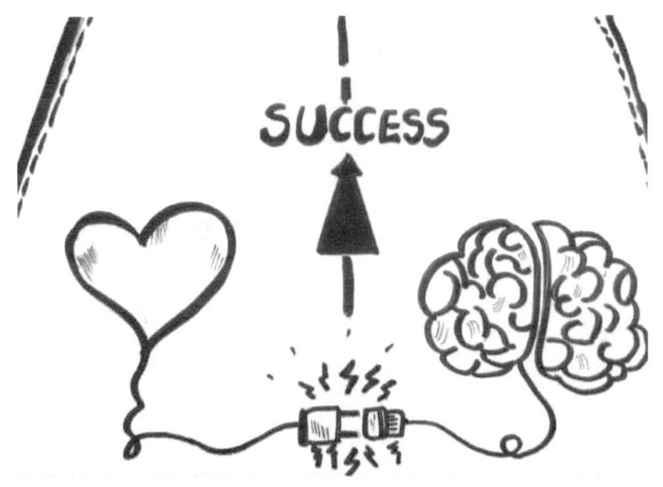

चित्र 12: "भावनात्मक बुद्धिमत्ता" सफलता की ओर ले जाने वाली कुंजी को दर्शाता है

सेल्स का मतलब, कस्टमर की मानसिकता और खरीदने के उनके निर्णय को प्रभावित करने वाले कारकों को समझना है। आम तौर पर, सेल्सपर्सन प्रोडक्ट, सर्विस या सॉल्यूशन के लाभों को साझा करके, फिर बेचने पर ध्यान केंद्रित करते हैं। हालाँकि, एक सेल्सपर्सन को प्रभावी होने के लिए, उन्हें कस्टमर्स के खरीदारी निर्णयों के पीछे की मानसिक प्रक्रिया को भी सीखना चाहिए।

आज टेक्नालजी ने डाटा क्रंचिंग प्रक्रिया को सरल बना दिया है और सेल्सपर्सन के ़लिए कस्टमर की जरूरतों से संबंधित डेटा को तुरंत प्राप्त करना बहुत आसान हो गया है। लेकिन सेल्सपर्सन के लिए कस्टमर की जरूरतों को समझते हुए डाटा का बुद्धिमानी से उपयोग करने की आवश्यकता है जिससे कि कस्टमर आपके पक्ष में निर्णय ले।

एक प्रभावी सेल्सपर्सन के पास रिश्ते में विश्वास बनाने के लिए पर्याप्त प्रॉडक्ट नॉलेज, सही प्रभावशाली रवैया और अच्छा पारस्परिक कौशल होना चाहिए। इसके अलावा, जिन सेल्सपर्सन के पास उच्च भावनात्मक बुद्धिमत्ता (EI - इमोशनल इंटेलिजेंस) होती है, वे आमतौर पर सेल्स गेम में दूसरों की तुलना में बेहतर होते हैं क्योंकि वे कस्टमर के खरीदारी निर्णय और पैटर्न की मानसिक प्रक्रिया को बेहतर ढंग से समझने में सक्षम होते हैं और कस्टमर के साथ बेहतर भावनात्मक संबंध बना सकते हैं।

तो, खरीदारी का निर्णय करते समय कस्टमर किस मानसिक प्रक्रिया से गुजरते हैं?

प्रकरण 1 में, मैंने फॉर्मूला pi x r x r के बारे में संक्षेप में चर्चा की है और फॉर्मूला के घटकों में से एक इनविज़िबल "रेडियस" है, जिसे मिस्टर एक्सपोनेंशियल या इनविज़िबल R[20] के रूप में भी जाना जाता है। इनविज़िबल R - सेल्सपर्सन की भावनात्मक बुद्धि, और इससे प्रेरित विश्वास ही, भावी कस्टमर को सकारात्मक मानसिकता में लाने और खरीदने का निर्णय लेने में मदद करता है।

---

20 यह प्रकरण भावनात्मक बुद्धिमत्ता के निर्माण पर केंद्रित है जो सेल्स समीकरण के चक्र में इनविज़िबल R की भूमिका निभाता है। खरीदारी के निर्णय में भावनाएँ एक महत्वपूर्ण भूमिका निभाती हैं: यह एक निर्विवाद तथ्य है, भावी कस्टमर का भावनात्मक जुड़ाव आपके विचारों, प्रॉडक्ट और सर्विसिस के प्रति उनकी आत्मीयता को निर्धारित करता है, और यही अंततः उनके खरीद निर्णय को आपके पक्ष में या आपके विरुद्ध प्रभावित करता है (ज़ोरफ़ास और लेमन, 2016)।

हावर्ड व्यापार के एक लेख में "द न्यू साइन्स ऑफ कस्टमर इमोशन्स" जो स्कॉट मैगिड, एलन ज़ोरफ़ास और डैनियल लीमोम (2015) के द्वारा लिखा गया है, उसमे टॉप 10 भावात्मक प्रेरणाओं की सूची सहज की गई है, जो कस्टमर्स को एक ब्रांड से जुड़ने और कस्टमर्स की गहरी अचेतन इच्छा को पूरा करने में मदद करती है। इनमें से कुछ "भावनात्मक प्रेरक" व्यापक शोध के माध्यम से पहचाने गए और भावना के शब्दकोष में जोड़े गए। यह कस्टमर की इच्छा है जैसे की "भीड़ से अलग दिखना, भविष्य में आत्मविश्वास रखना, स्वतंत्रता की भावना महसूस करना और अपनेपन की भावना महसूस करना" उसी लेख में, लेखक मैगिड, ज़ोरफ़ास और लीमॉम (2015) ने स्टैटिस्टिकल मॉडलिंग का उपयोग किया और पाया कि कस्टमर "भावनात्मक संबंध मार्ग में, जैसे जैसे कस्टमर, इन अवस्थाओं (1) असंबद्ध होने से (2) अत्यधिक संतुष्ट होने से (3) ब्रांड को समझने में (4) पूरी तरह से जुड़े होने, में परिवर्तित होते हैं"; पूरी तरह से जुड़े कस्टमर 52% अधिक मूल्यवान थे और ब्रांड में निवेश करते थे, बनाम 13% वह कस्टमर जो पूरी तरह से संतुष्ट थे।

आजकल कंपनी सबसे मूल्यवान कस्टमर्स से भावनात्मक रूप से जुड़ने, आकर्षित करने और उन्हें बनाए रखने के लिए "भावनात्मक प्रेरकों" को समझने के लिए डाटा एनालिटिक्स में बड़े स्तर पर निवेश कर रहे हैं। उन्होंने अपनी व्यापक रणनीति के हिस्से के रूप अपने अलग-अलग विभाग जैसे की प्रोडक्ट विकास, मार्केटिंग, सेल्स और सर्विसिस से उनको जोड़ा हुआ है ताकि हर पॉइंट पर, कस्टमर भावनात्मक रूप से ब्रांड से जुड़ा हुआ महसूस करे (मैगिड, ज़ोरफ़ास और लेमन 2015)।

भावनात्मक संबंध बनाने में सेल्सपर्सन की भावनात्मक बुद्धिमत्ता की भूमिका-

ब्रांड के साथ कस्टमर्स का भावनात्मक जुड़ाव बढ़ाने के लिए किसी कंपनी की समग्र रणनीति में, सेल्सपर्सन को भी अपनी भूमिका

निभानी होती है। इसके लिए सेल्सपर्सन को "भावनात्मक प्रेरकों" को समझने, अपने कस्टमर्स के दुख की स्थिति, उनके आनंद की स्थिति और उन्हें ब्रांड से जोड़े रखने वाली चीज़ों को समझने की आवश्यकता होती है। लेकिन इसके साथ ही, एक प्रभावी सेल्सपर्सन वह है जो उच्च "भावनात्मक बुद्धिमत्ता" (EI) प्रदर्शित करता है। लेख "लीडिंग बाय फील" (हार्वर्ड बिजनेस रिव्यू, 2004) में, लेखक भावनात्मक बुद्धिमत्ता को "अपनी और दूसरों की भावनाओं को सटीक रूप से समझने की क्षमता" के रूप में परिभाषित करता है; एक सेल्सपर्सन को सेल्स गेम में बाजी मारने के लिए स्किल-कौशल और विल-इच्छा शक्ति की आवश्यकता होती है, लेकिन सेल्स गेम मे सबसे महत्वपूर्ण घटक इनविज़िबल R है - सेल्सपर्सन को भावी कस्टमर की आपत्तियों को दूर करने, अस्वीकृति को संभालने, संबंध बनाने और अपने तत्काल संतुष्टि की बजाय उनके सुखद अनुभव को महत्त्व देते हुए अपनी भावनात्मक बुद्धि का इस्तिमाल करना पड़ेगा। इसके लिए एक सेल्सपर्सन में आत्म-जागरूकता और अपनी भावनाओं को प्रबंधित करने, खुद को प्रेरित करने, दूसरों की भावनाओं को पहचानने और रिश्तों को संभालने की क्षमता की आवश्यकता होती है (गोलेमैन, 2011)। यदि कोई सेल्सपर्सन बातचीत के समय अपनी भावनात्मक स्थिति से अनजान है, तो इसका हानिकारक प्रभाव पड़ सकता है, जिससे रिश्तों और सेल्स में नुकसान हो सकता है।

मुझे याद है कि 2002 में मेरे सेल्स करियर के शुरुआती दिनो में, मुझे एक मिलियन डॉलर से अधिक मूल्य का एक सरकारी प्रोजेक्ट को जीतने की जिम्मेदारी दी गई थी। मैंने अपनी टीम के साथ मिलकर उस प्रोजेक्ट पर महीनों तक काम किया। अंत में, मुझे यह अनौपचारिक रूप से पता चला गया कि हमारी कम्पनी ने प्रोजेक्ट के लिए सबसे कम मूल्य का कोटेशन जमा किया है, और यह अगली बोर्ड मीटिंग में इस कॉन्ट्रैक्ट को औपचारिक रूप से घोषित कर देंगे। मैं बहुत उत्साहित था और अपने द्वारा किए गए सभी कार्यों के लिए पुरस्कार के रूप में अपने सेल्स कमीशन की प्रतीक्षा कर रहा था। लेकिन मामला बिगड़ गया: बोर्ड की मीटिंग में,

सरकारी कंपनी के मेनेजिंग डिरेक्टर ने मेरी कंपनी को कॉन्ट्रैक्ट देने के बजाय, घोषणा की कि वे कुछ आंतरिक कारणों से टेंडर प्रक्रिया को फिर से शुरू करेंगे।

यह मेरे नौकरी करने के शुरुआती दिन थे, इस निर्णय को सुन कर में अपने अल्हड़पन के आवेश में आकर उनके मेनेजिंग डायरेक्टर और अन्य ऑफिसर्स के सामने खुले आम अपनी तीखी प्रतिक्रिया और गुस्सा प्रदर्शित किया। इस आक्रोश का मुझे बड़ा महँगा हिसाब चुकाना पड़ा और सरकारी कंपनी ने हमारी जमा राशि को जब्त कर लिया और पुन: भाग लेने से भी वंचित कर दिया। उस दिन मेरे भावनात्मक आक्रोश और आत्म-जागरूकता की कमी के कारण उस कस्टमर के साथ हमारी कंपनी के संबंध आहत हुए और गंभीर वित्तीय नुकसान उठाना पड़ा। मैंने अपना पहला मिलियन-डॉलर का पाठ कठिन तरीके से सीखा, लेकिन उस भावनात्मक रूप से कठिन दौर में मेरा समर्थन करने के लिए मैं अपने कंपनी का हमेशा आभारी रहूंगा।

उस घटना के बीस साल बाद मैं अपनी उम्र और अनुभव में अधिक परिपक्व हूं, और मैंने अपनी सेल्स मसल्स भी बिल्ड कर ली है। हालाँकि, तब से मैंने जानबूझकर अपनी भावनात्मक बुद्धिमत्ता को विकसित करने पर लगतार काम किया है ताकि मैं अपनी और दूसरों की भावनाओं के प्रति जागरूक रहूँ। इससे मुझे दूसरों के साथ काम करने और उनके साथ भावनात्मक संबंध बनाने का मौका मिलता है।

एक सेल्सपर्सन को भावनात्मक स्थिति का आकलन करने के लिए दिनचर्या (जर्नलिंग) लिखने की एक नियमित आदत बना लेनी चाहिए। दैनिक आधार पर निम्नलिखित प्रश्न खुद से पूछे जाने चाहिए:

1- क्या मैं आज किसी मीटिंग (सहकर्मी, बॉस या कस्टमर) के दौरान भावुक हो गया?

2- मुझे कैसा लगा? खुश था या दुखी था या आक्रामक था, न्याय पूर्ण था, चिंतित था, तनावग्रस्त था

3- उस भावनात्मक प्रतिक्रिया का कारण क्या था? उसका वर्णन।

आत्म-जागरूकता (सेल्फ अवेयरनेस) हमें अपनी भावनाएं, विशेषकर नकारात्मक भावनाओं पर आत्म-नियंत्रण (सेल्फ कंट्रोल) करने में मदद करती है। सेल्स प्रक्रिया में, आपत्तियों और रिजेक्शन के कारण चर्चा अक्सर रुक जाती है। इन स्थितियों में, जब एक सेल्सपर्सन आत्म-नियंत्रण प्रदर्शित करता है, तो यह बातचीत से सॉल्यूशन खोजने की दिशा में आगे बढ़ने में मदद करती है। मुख्य सबक यह है कि हम अपनी भावनाओं के प्रति जागरूक रहें, और हर स्थिति पर तत्काल रियेक्ट न करते हुए सेल्स की सफलता की मानसिकता के साथ प्रतिक्रिया करने में आत्म-नियंत्रण प्रदर्शित करें। यह हमें आत्मविश्वास और सहजता के साथ चुनौतीपूर्ण स्थितियों से निपटने के लिए अधिक अनुकूलनीय (एडाप्टेबल) बनाता है और बेहतर नियंत्रित करता है। एक बार जब कोई सेल्सपर्सन अपनी भावनाओं से अवगत हो जाता है और जानता है कि उन्हें कैसे नियंत्रित करना है, तो वह अपने कस्टमर्स के साथ मजबूत भावनात्मक संबंध बना सकता है।

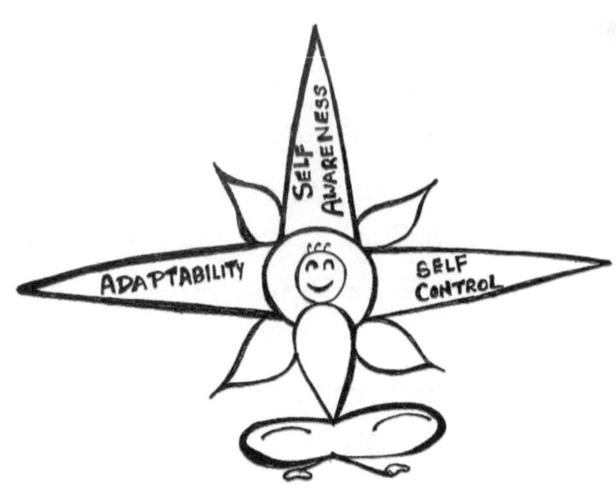

चित्र 13: भावनात्मक बुद्धिमत्ता के तीन पंखों का प्रतिनिधित्व करता है

पिछले दो दशकों में, मैंने कई वैश्विक और जटिल सेल्स अकाउंट्स और पार्टनर्स को संभालने का कार्य किया है। और मैंने महसूस किया है कि स्किल-कौशल और विल-इच्छा शक्ति के साथ-साथ भावनात्मक रूप से बुद्धिमान होना, (इनविजिबल R), मेरी सेल्स यात्रा में महत्वपूर्ण रहा है। अपनी सेल्स मसल्स बढ़ाने के प्रयास में, मुझे कंपनियों के तकरीबन सभी डिपार्टमेंट्स, जैसे प्रोडक्ट इंजीनियरिंग, सलूशन इंजीनियरिंग, एलायंसेज, प्रीसेल्स और सेल्स, और कस्टमर अकाउंट्स की नेतृत्व कार्यकारी टीमों के साथ कार्य करने के बहुत मौके मिले। एसी परिस्थितियों में, मुझे कई फैसलाकर्ताओं (डिसीजन मेकर्स) और प्रभावित करने वालों (इनफ्लूएंसर्स) के साथ काम करना पड़ा, और निम्नलिखित पर संबंधित प्रतिक्रियाएँ देनी पड़ीं:

* कस्टमर्स की आवश्यकताओं को स्वीकार करना

* कारण बताने के साथ-साथ मना करना

* साझा सॉल्यूशन खोजने के लिए बातचीत

उपरोक्त का जवाब देने में, एक सेल्सपर्सन आंतरिक संघर्ष से गुजरता है। हम विभिन्न कारणों से भावी व्यक्ति के दृष्टिकोण से व्यक्तिगत रूप से सहमत हो भी सकते हैं और नहीं भी। हालाँकि, इन तनावपूर्ण स्थितियों में हमें स्थिति से निपटने और भावनात्मक संबंध बनाने के लिए इनविज़िबल R की शक्ति - अपनी भावनात्मक बुद्धिमत्ता का उपयोग करना पड़ता है। एक सक्षम सेल्सपर्सन भावी व्यक्ति के साथ जुड़ने के लिए हास्य या आश्चर्य का उपयोग कर सकता है। सलूशन के लिए स्थिति को मार्मिक ढंग से संभालने के लिए सेल्सपर्सन को स्वीकृति के समय दृढ़ता, या इनकार करते समय सराहना और शांति की आवश्यकता हो सकती है। इनविज़िबल R एक सेल्सपर्सन को सलूशन ढूंढने में मदद करता है।

भावनात्मक रूप से बुद्धिमान सेल्सपर्सन का लक्ष्य, भावी कस्टमर के साथ भावनात्मक जुड़ाव पैदा करना है। निम्नलिखित कुछ तरीके हैं जिनसे एक सेल्सपर्सन भावी कस्टमर / कस्टमर्स के साथ भावनात्मक संबंध बना सकता है:

- भावी कस्टमर के वास्तविक "भावनात्मक प्रेरकों" को समझने के लिए उनकी आवश्यकताओं को सक्रिय रूप से सुनें।

- उनसे जाँच-पड़ताल करते समय उन्हें यह न महसूस होने दे कि आप उन पर किसी प्रकार का दबाव डाल रहे हैं।

- मिलनसार और सरल व्यक्तित्व बनाए।

- उनकी हर सम्भव सहायता करे जिससे की वह भावनात्मक प्रेरणा हासिल कर पाए और आपके प्रोडक्ट, सर्विस या सॉल्यूशन खरीदने को तैयार हो जाए।

- भावी कस्टमर / कस्टमर्स के प्रति सहानुभूति रखें लेकिन अपनी स्थिति की पुष्टि करने के लिए भावनाओं के बजाय तथ्य सामने रखें।

- आगे बढ़ने के लिए आप विभिन्न वर्कशॉप का आयोजन करने की योजना बनाएं, उन्हें क्रियान्वित करें, और अपने प्रॉडक्ट, सर्विस या सॉल्यूशन के बारे में बताए।

- भावी कस्टमर / कस्टमर्स को विभिन्न मंचों पर उन्हें अपने विचार व्यक्त करने के लिए आमंत्रित करें।

- उन्हें अपने प्रॉडक्ट रोडमैप का हिस्सा बनाने के लिए अपने सलाहकार बोर्ड में शामिल करें।

लक्ष्य, भावी कस्टमर / कस्टमर को ब्रांड के साथ भावनात्मक रूप से जोड़ना है क्योंकि भावनात्मक रूप से जुड़े कस्टमर अधिक निवेश करते हैं और संतुष्ट कस्टमर्स की तुलना में अधिक मूल्य जोड़ते हैं।

निष्कर्षतः, एक भावनात्मक रूप से बुद्धिमान सेल्सपर्सन निर्णय लेने को सकारात्मक रूप से प्रभावित कर सकता है।

सेल्स मसल्स बिल्ड करने का समय

किसी पिछली स्थिति का वर्णन करें जिसमें कस्टमर के प्रति आपकी प्रतिक्रिया भावनात्मक रूप से प्रेरित थी। स्थिति पर विचार करें और, इस प्रकरण को पढ़ने के बाद, अब सोचें कि आप स्थिति से अलग तरीके से कैसे निपट सकते थे।

द इनविज़िबल R भाग 2 - ट्रस्ट (विश्वास)

चित्र - 14 कस्टमर के साथ विश्वास की मज़बूती को दर्शाता है

सेल्स फॉर्मूला के सर्कल में, दो तत्व- भावनात्मक बुद्धिमत्ता और विश्वास- इनविज़िबल R में शामिल हैं, जो सेल्सपर्सन और भावी कस्टमर के रिश्ते में भावनात्मक संबंध बनाने में मदद करते हैं। प्रकरण 4 में, हमने इनविज़िबल R के पहले तत्व - भावनात्मक बुद्धिमत्ता की भूमिका को समझा। इस प्रकरण में, हम इनविज़िबल R के दूसरे तत्व, ट्रस्ट की भूमिका को समझेंगे। हम समझेंगे कि

सेल्स फॉर्मूला के विभिन्न घटक भावी कस्टमर को कार्यवाही करने और खरीदारी करने में कैसे प्रभावित कर सकते है।

चित्र 15: सेल्स के सर्कल को दर्शाता है

सेल्स की परिकल्पना पुराने समय मे वस्तु व्यापार (बार्टर ट्रेडिंग) से लेकर आज के समय में ऑनलाइन ट्रेडिंग तक विकसित हुई हैं। लेकिन इतने बदलाव के बाद भी इससे कोई फर्क नहीं पड़ता कि हम क्या बेचने की कोशिश करते हैं, चाहे वे विचार, परिकल्पनाएं या प्रॉडक्ट हों, हमारा उद्देश्य कस्टमर को कार्रवाई करने के लिए राजी करना ही है। सेल्स एक व्यक्ति-केंद्रित व्यवसाय है जिसके लिए कस्टमर-केंद्रित दृष्टिकोण बनाने की आवश्यकता होती है। चाहे व्यक्तिगत रूप से किया जाए, टेलीफोन पर, या वर्चुअल रूप से, सेल्स को पूरा करने के लिए सेल्सपर्सन को गैर-दखलंदाजी तरीको से कस्टमर को अपने विचार और प्रोडक्टस को संप्रेषित करने की आवश्यकता होती है।

सेल्स के नियमानुसार कस्टमर ही राजा है। सेल्स प्रक्रिया की शुरुआत में, कस्टमर इस विश्वास के साथ सेल्सपर्सन से बात करता है कि जैसे उनका सेल्सपर्सन पर ज्यादा दबदबा है, क्योंकि खरीदने का अंतिम निर्णय उनके हाथ में है। लेकिन क्या आपने कभी सोचा है कि वास्तव में क्या चीज़ भावी कस्टमर को कार्रवाई करने के लिए प्रेरित करती है? क्या यह प्रॉडक्ट ज्ञान, सेल्स कौशल, या सेल्सपर्सन द्वारा दिखाई गई सहानुभूति है? इन सभी की आवश्यकता है लेकिन

मुख्य कारक जो पेंडुलम को घुमाता है और भावी कस्टमर को खरीदने के लिए मजबूर करता है वह है विश्वास। सेल्स के व्यवसाय में एक आम कहावत है कि "लोग उन लोगों से खरीदारी करते हैं जिन पर उन्हें भरोसा होता है।"

आपने हाल ही में क्या कोई नयी खरीदारी करी है, जैसे कि नयी कार? क्या आप किसी भी शोरूम में गए, और एक प्रशिक्षु सेल्सपर्सन से मिले, और कार ख़रीद ली?

संभवतः आपने ऐसा नहीं किया होगा।

अब आप एक और कोई अपनी महंगी खरीद के बारे में सोचें, जैसे कि घर। क्या आपने अपना नया घर खरीदने के लिए किसी विश्वसनीय रिएल्टर से संपर्क किया था?

संभवतः आपने ऐसा ही किया होगा।

अधिकांश परिदृश्यों में, विश्वास एक प्रमुख अंतर है। प्रोएक्टिव सेल्सपर्सन अपने भावी कस्टमर के साथ विश्वास बनाने के महत्व को समझते हैं और अपने उचित परिश्रम और पारदर्शिता के साथ उनके मन में मनोवैज्ञानिक सुरक्षा-विश्वास पैदा करने की दिशा में काम करते हैं। सेल्सपर्सन जितना अधिक अपने भावी कस्टमर के प्रति पारदर्शी और चिंतनशील होगा, उन्हें कस्टमर्स और अंततः आजीवन कस्टमर्स में बदलने की संभावना उतनी ही अधिक होगी।

लिंक्डइन स्टेट ऑफ सेल्स की 2020 की रिपोर्ट में बताया गया है कि 88% कस्टमर्स ने अंततः "विश्वसनीय सलाहकारों" (business.linkedin.com, n.d.) से खरीदारी की। उसी रिपोर्ट में, सेल्सपर्सन इस बात पर सहमत हुए कि खरीदारों ने डील क्लोज करने में विश्वास को एक महत्वपूर्ण कारक के रूप में स्थान दिया और इसे प्रॉडक्ट की कीमत या प्रॉडक्ट या प्रॉडक्ट सेवा के निवेश पर रिटर्न (आरओआई) से भी अधिक स्थान दिया। 2018 की रिपोर्ट में इसी तरह के परिणामों का पता चला है कि 51% निर्णयकर्ताओं ने सेल्सपर्सन में

वांछित नंबर 1 कारक के रूप में विश्वास को स्थान दिया, इसके बाद जवाबदेही (42%), क्षेत्र में विशेषज्ञता (42%), समस्या-समाधान (37%) और पारदर्शिता (34%) का स्थान रहा। (सेल्स की स्थिति 2018 परिचय: एक मानवीय स्पर्श, 2018)।

विश्वसनीय सलाहकारों द्वारा वांछनीय और प्रदर्शित की गई कुछ विशेषताएं इस प्रकार हैं:

- सत्यनिष्ठा - जो कस्टमर के हित में सही काम करता है, ना कि अपने हित की चिंता करता है।

- क्षमता - अच्छे परिणाम के साथ काम को अच्छी तरह से करने में सक्षम।

- निर्भरता - समय पर उपलब्ध रहकर वचनबद्धता से कार्य पूरा करते हैं।

- आत्मीयता - रिश्तों की अहमियत को समझते हैं और उन्हें मजबूत करते हैं (सेल्स की स्थिति 2018 परिचय: एक मानवीय स्पर्श, 2018)

तो सेल्सपर्सन स्वयं को विश्वसनीय सलाहकार के रूप में कैसे सिद्ध कर सकते हैं?

विश्वास कायम करने की रणनीतियाँ

एक प्रोएक्टिव सेल्सपर्सन निम्नलिखित रणनीतियों का पालन करके भावी कस्टमर/ कस्टमर्स के मन में विश्वास पैदा कर सकता हैं:

- प्रभावी जांच प्रश्न पूछना: भावी कस्टमर से पूछने के लिए सेल्सपर्सन के पास उच्च गुणवत्ता वाले प्रश्नों की एक चेकलिस्ट होनी चाहिए। सेल्सपर्सन के पिछले अनुभव और सहकर्मियों के साथ चर्चा के आधार पर, कंपनी के भीतर उपलब्ध मौजूदा ज्ञान भंडार का उपयोग करके एक प्रश्न बैंक बनाया जा सकता है।

कस्टमर की समस्याओं और चुनौतियों की पहचान करने के लिए प्रभावी प्रश्न पूछने से सेल्सपर्सन पर भावी कस्टमर का भरोसा और विश्वास विकसित होता है

- सही प्रतिक्रिया और जवाब के साथ हमेशा तैयार रहें: भावी कस्टमर्स/कस्टमर्स के द्वारा पूछे जाने वाले प्रश्नों या आपत्तियों का निवारण करने के लिए सेल्सपर्सन को संभावित प्रतिक्रियाओं के साथ अच्छी तरह से तैयार रहने की भी आवश्यकता है। इन प्रतिक्रियाओं को और भी प्रभावशाली बनाने के लिए वह हमेशा अपने विभिन्न मौजुदा कस्टमर्स की समस्याओं के निवारण का उदाहरण ले कर के उनके मन में विश्वास बढ़ा सकते है।

- एक विश्वसनीय कम्यूनिकेटर बनें: सेल्सपर्सन अपने कम्युनिकेशन के माध्यम से प्रतिबद्धता, ईमानदारी, जोश, आत्मविश्वास और जवाबदेही प्रदर्शित करने में सक्षम होना चाहिए।

- स्थिति का 360-डिग्री मूल्यांकन: एक प्रोएक्टिव सेल्सपर्सन हमेशा परिदृश्यों को पहले से समझने का प्रयास करता है। परिणामस्वरूप, सेल्सपर्सन कमियों और कमजोर कड़ियों का पूर्वाअनुमान लगाकर स्थिति का पूरी तरह से आकलन कर सकता है। प्रोएक्टिव रहने से, सेल्सपर्सन वांछित परिणाम प्राप्त करने की अपनी संभावना बढ़ा लेता है।

एक सेल्सपर्सन को रिश्ते में समय, ऊर्जा और संसाधनों का निवेश करके और भरोसेमंदता की विशेषताओं का प्रदर्शन करके कस्टमर के साथ विश्वास बनाने पर लगातार काम करना पड़ता है। "विश्वास एक भावनात्मक और तार्किक कार्य है। यह बिना किसी प्रमाण के, किसी व्यक्ति या चीज़ पर विश्वसनीयता, सच्चाई, क्षमता और ताकत में दृढ़ विश्वास है" (शिवनम, 2021)।

कस्टमर के खरीदारी के निर्णय को प्रभावित करने का फॉर्मूला

सेल्सपर्सन का विज़िबल R (कौशल और इच्छाशक्ति), जैसे कि कंपनी, प्रोडक्टस और सर्विसिस के बारे में संपूर्ण ज्ञान, सेल्सपर्सन को भावी कस्टमर के अकाउंट को संभालने में सक्षम बनाने के लिए पहली आवश्यकता है। सेल्सपर्सन, भावी कस्टमर की तकलीफ़ों को कम करने के लिए जितना अधिक इच्छुक और निवेशित होता है, उतना ही झुकाव वह भी, सेल्सपर्सन के साथ काम करने में दिखाता है। इसके अतिरिक्त, जब भावी कस्टमर को लगता है कि वह उनके प्रश्नों/चिंताओं/चुनौतियों का समाधान कर रहा है और तकनीकी चुनौतियों को तुरंत निपटा रहा है, तो विश्वास बनाना आसान हो जाता है।

लेकिन इससे पहले कि सेल्सपर्सन अपने कौशल और इच्छाशक्ति को भावी कस्टमर के सामने प्रदर्शित करे और अपनी भावनात्मक बुद्धिमत्ता को दिखाते हुए उनका विश्वास अर्जित कर पाए, उससे पहले बहुत सारे बैकेंड कार्य पूरे करने की जरूरत है।

निर्णय लेने को प्रभावित करने का पहला कदम संबंध बनाने से शुरू होता है। सभी रिश्तों को विकसित होने में समय लगता है और एक सेल्सपर्सन और भावी कस्टमर के बीच सेल्स संबंध भी इससे अलग नहीं है। जब दो व्यक्तियों के बीच किसी प्रकार का रिश्ता होता है, तो वे अपना बहुमूल्य समय देने के लिए अधिक इच्छुक होते हैं और दूसरे व्यक्ति के दृष्टिकोण/प्रस्ताव/सुझाव को सुनने के लिए अधिक रुचि दिखाते है।

रिश्ता बनाने का काम भावी कस्टमर से मिलने से पहले ही शुरू हो जाता है। इसके लिए आपको उनके पृष्ठभूमि पर गहन अनुसंधान करने की आवश्यकता है। एक प्रोएक्टिव सेल्सपर्सन भावी कस्टमर्स के कंपनी के कॉर्पोरेट साहित्य, उनके वित्तीय विशेषताएं, उनके भविष्य के लक्ष्यों और विज़न पर सी-लिडर्स के साक्षात्कार, निवेश के प्रमुख क्षेत्रों, रणनीति, संस्कृति और अन्य पृष्ठभूमि जानकारी के माध्यम

से पर्याप्त जानकारी इक्ट्ठी करनी चाहिए। इसके अलावा सेल्सपर्सन को, कस्टमर के सोशल मीडिया अकाउंट से उनके बारे में जानकारी प्राप्त करनी चाहिए, और जो साझा कनेक्शन है उनके माध्यम से भावी कस्टमर का परिचय ले, जिससे संबंध बनाने में कम से कम समय लगे। एक बार भावी कस्टमर के बारे में बुनियादी जानकारी एकत्र हो जाने के बाद, सेल्सपर्सन पहले उल्लिखित चरण "विश्वास को बनाए रखने की रणनीतियाँ" अनुभाग में चरणों का पालन करके भावी कस्टमर के साथ अपना संबंध विकसित कर सकता है।

सेल्स की संभावना बढ़ाने के लिए भावी कस्टमर जो अपने मन में आशंकाएं अनुभव कर रहे है, वह सेल्सपर्सन को दूर करनी होगी, तभी आप बेचने की संभावनाओं को बढ़ा सकते है। कस्टमर की समस्याओं का निवारण करना, विश्वसनीय रूप से कम्युनिकेट करके उनके सर्वोत्तम हित का ध्यान रखना और अपने उत्तरदायित्व का निर्वाह करने से उनके मन में जो भी डर है उनको कम/दूर किया जा सकता है। "विश्वसनीय सलाहकारों की विशेषताओं" और "विश्वास बनाने की रणनीतियों" अनुभाग में इसकी जानकारी दी गई है। सही मायने में, आशंका के कारक को पूर्ण रूप से समाप्त नहीं किया जा सकता है। हालाँकि, एक अच्छा सेल्सपर्सन उच्च स्तर के विज़िबल R (कौशल और इच्छाशक्ति) और इनविज़िबल R(भावनात्मक बुद्धिमत्ता और विश्वास) का प्रदर्शन करके सापेक्ष अर्थों में "आशंका के कारक" को कम कर सकता है।

इसलिए भावी कस्टमर/कस्टमर्स को प्रभावित करके खरीदने का निर्णय लेने का फॉर्मूला इस प्रकार है:-

$$\text{Buying Decision} = \frac{\text{Visible R} \times \text{Invisible R}}{\text{Risk}}$$

एक सक्रिय सेल्सपर्सन फॉर्मूला के अंश (विज़िबल और इनविज़िबल R) के मूल्य को बढ़ाकर और आशंका के प्रभाव को कम करके खरीदने के निर्णय को प्रभावित करने की संभावना बढ़ा सकता है।

सेल्स मसल्स बिल्ड करने का समय

एक ऐसे सेल्सपर्सन के बारे में सोचें जिनके बिजनेस करने के तरीके से आप प्रभावित है। उनमें कौन से गुण है, जो उन्हें दूसरों से अलग करता है? उन्हें सूचीबद्ध करे।

____

____

____

____

____

आपका सेल्स पोटेंशियल क्या है?

चित्र-16: बुल्स आई परफॉर्मेंस को दर्शाता है

सेल्स पूरी तरह से परफॉर्मेंस से संबन्धित है! यदि आप अपना परफॉर्मेंस करते हुए अपना निर्धारित लक्ष्य प्राप्त करते हैं, तो आप अपना कमीशन अर्जित करते हैं।

हालाँकि, क्या आपने कभी सोचा है कि आप अपने पोटेंशियल को कैसे माप सकते हैं? क्या आपका परफॉर्मेंस आपके पोटेंशियल से मेल खाता है? क्या आप चिंतित हैं कि आपका पोटेंशियल आपके परफॉर्मेंस में प्रतिबिंबित नहीं होता?

अधिकांश लोगों की तरह, मैं भी अपने पोटेंशियल पर सवाल उठाता था और परफॉर्मेंस मैट्रिक्स को समझने की कोशिश करता

था। मुझे आश्चर्य हुआ कि मेरे प्रयासों के बावजूद मेरी कंपनी मेरे पोटेंशियल को क्यों नहीं पहचान रही है।? यह उलझन कई वर्षों तक मेरे मन में रही की कैसे अपने परफॉर्मेंस को अपने पोटेंशियल के बराबर करे। सौभाग्य से, एक दिन एक सहकर्मी ने पोटेंशियल/ परफॉर्मेंस मैट्रिक्स पर कुछ प्रकाश डाला, जिसके बारे में उसने टिम गॉलवे की पुस्तक "द इनर गेम ऑफ वर्क" में पढ़ा था और अचानक सब समझ में आने लगा (कल्चर एट वर्क, एन.डी.)।

Performance = Potential – Interference

यह मुझे आत्म-जागरूकता की यात्रा पर ले गया।

पोटेंशियल में से इंटरफेरेंस (आंतरिक और बाहरी दोनों) को हटाने के बाद जो कुल योग है उसको हम परफॉर्मेंस कहते है। जब कोई व्यक्ति इन दोनों घटक पर काम करता है, तो उसका परफॉर्मेंस कई गुना बेहतर हो जाता है।

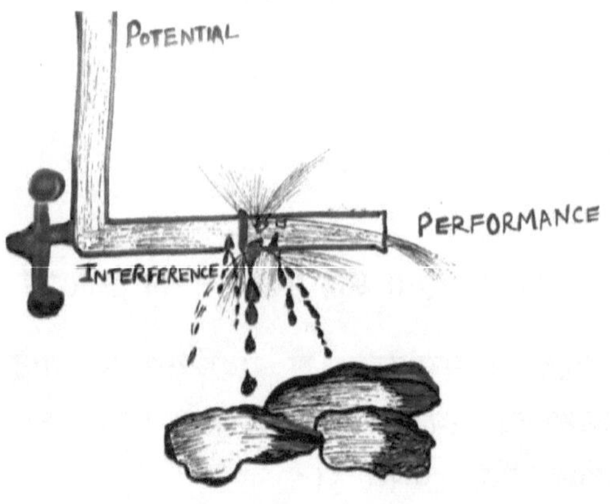

चित्र - 17 परफॉर्मेंस = पोटेंशियल - इंटरफेरेंस को सचित्र दर्शाता है

हमें इस बात से अवगत होने की आवश्यकता है कि हमारा पोटेंशियल कुछ ऐसा है जो काफी हद तक अज्ञात है और यह भविष्य की संभावना है। दूसरी ओर, इंटरफेरेंस हमारे पूर्व-स्वभाव से आता है और हमें आगे बढ़ने से रोकता है। दूसरे शब्दों में, इंटरफेरेंस उन आशंकाओं का उप-उत्पाद है जो हमें कार्रवाई करने से रोकते हैं। ये

इंटरफेरेंस हमारी मान्यताओं या मूल्यों में अंतर्निहित हो सकते हैं जो हममें बचपन से ही कायम हैं। ये सभी कारक हमें अपने पोटेंशियल[21] का एहसास करने से रोकते हैं। वास्तविकता यह है कि, हिमखंड की तरह, हमे हमारे पोटेंशियल का केवल सिरा ही दिखाई देता है जबकि हमारी वास्तविक पोटेंशियल अदृश्य रहती है।

वास्तव में अपना पूरा पोटेंशियल हासिल करने के लिए, लक्ष्य निर्धारण, एक उत्कृष्ट अभ्यास है जो एक सेल्सपर्सन को हमेशा करना चाहिए। लक्ष्य निर्धारण की सुंदरता यह है कि आप सेल्स के किसी भी चरण में हों, हमेशा अपने आप को उससे अधिक करने के लिए धकेलें, जितना आप सोचते हैं कि आप कर सकते हैं। अगर आप बहुत आसानी से सफलता प्राप्त कर रहे है, तो इसका तात्पर्य है कि आप पर्याप्त मेहनत नहीं कर रहे हैं। और गहराई में जाएं, धकेलते रहें, और वो परिणाम प्राप्त करें जो आप चाहते हैं जिससे कि आप पोटेंशियल और परफॉर्मेंस के अंतर को कम करते रहें। इसका एक और फायदा है, जब आप लक्ष्य निर्धारण को जीवन के किसी एक पहलू में अपनाते है तो यह खुद बा खुद यह आपके जीवन के और पहलुओं में भी असरकारक होने लगता है।

शोध ने लक्ष्य निर्धारण को उच्च प्रेरणा, आत्मविश्वास, स्वायत्तता और आत्मसम्मान से जोड़ा है। (लॉक और लेथम, 2002) लक्ष्य निर्धारण दिशा और फोकस देता है (लॉक और लैथम, 2002)। लक्ष्य निर्धारण और सफलता के बीच भी एक मजबूत संबंध है (मैथ्यूज, 2015)। हालाँकि, कई बार हम लक्ष्य तो निर्धारित कर लेते हैं लेकिन उन्हें हासिल करने में असफल हो जाते हैं। अपने लक्ष्य को हासिल न कर पाने के पीछे योजना की कमी और प्रक्रिया को न समझ पाना है। लक्ष्य निर्धारण करना एक इक्षानुसार कार्य है जिसके लिए हमें अपनी प्राथमिकताओं को समझने और निर्धारित लक्ष्य को प्राप्त करने के लिए आवश्यक व्यवहारों/कार्यों के विरुद्ध उन्हें मैप करने के

---

21 प्रकरण 2 और 3 में, लेखक आंतरिक अनुमानों और 3 एफ सिंड्रोम पर विस्तार से चर्चा करता है।

लिए चिंतनशील कार्यप्रणाली में सक्रिय रूप से समय निवेश करने की आवश्यकता होती है। साथ ही उन विचारों और भावनाओं के बारे में जागरूक होने की आवश्यकता होती है जो इस कार्यप्रणाली में बाधा बन सकते हैं। इसके लिए हमें स्वायत्तता, पहल और जिम्मेदारी के साथ कार्य करने और निर्धारित लक्ष्यों के लिए खुद को जवाबदेह बनाने की आवश्यकता है।

लक्ष्य निर्धारित करने के कुछ कारण निम्नलिखित हैं:

हमारे लॉन्ग टर्म विजन को भविष्य के साथ संरेखित करता है (ट्रेसी, 2019)

1. फोकस निर्धारित करता है और ज्ञान प्राप्त करने का पोटेंशियल बढ़ाता है (बॉस, 2017)।

2. हमें अपने समय और संसाधनों को प्राथमिकता देने और कुशलतापूर्वक प्रबंधित करने में बेहतर बनाता है (बॉस, 2017)।

3. रणनीतियाँ विकसित करने के लिए प्रेरित करता है।

4. उर्ज़ावान बनाता है जिससे कि अधिक प्रयास लगाने को बल मिले (लॉके और लैथम, 2002, बॉस, 2017)।

5. हमें हमारे आराम क्षेत्र से बाहर निकालता है (ट्रेसी, 2019)

आइए मैं अपनी पेशेवर लक्ष्य निर्धारण यात्रा साझा करूं। मुझे याद है कि 2010 के अंत में, मैं पिछले दशक की अपनी सेल्स वृद्धि यात्रा पर विचार कर रहा था। मैंने जो हासिल किया उससे मैं खुश था लेकिन साथ ही साथ, मैं अपने परफॉर्मेंस को पोटेंशियल अनुसार हासिल नहीं कर पाने से असंतुष्ट भी था। मेरा दिमाग भ्रमित था और मैं आगे का रास्ता नहीं देख पा रहा था। मैं जानता था कि मैं वर्तमान में जो कर रहा हूँ उससे मेरी तरक्की तो हो जाएगी परन्तु क्या सही मायने में मेरा विकास हो पायेगा। मुझे नहीं पता था कि उस समय मेरा पोटेंशियल क्या था, ठीक वैसे ही जैसे मुझे नहीं पता कि मैं भविष्य में और क्या करने में सक्षम हूं, लेकिन मुझे पता था

कि मैं वास्तव में खुद को व्यवसाय के नए आयामों से परिचित होना चाहता था।

यह सवाल की, "आगे क्या", अगले कुछ महीनों तक मुझे परेशान करता रहा।

यकीन मानिए कभी-कभी अपना लक्ष्य परिभाषित करना काफी कठिन काम हो जाता है। लेकिन मैंने बदलने और आगे बढ़ने का इरादा कर लिया था, जिसकी वजह से मुझे नये अवसर को तलाशने में जरूरी फोकस और दिशा मिली। आख़िरकार, छह महीने तक लगातार अपने विचारो को अपनी डायरी में लिखने के बाद, मैंने अंततः अपना लक्ष्य निर्धारित कर लिया। मैं अगले छह वर्षों[22] के भीतर अपनी कंपनी में बिजनेस यूनिट हेड के पद पर कार्यरत हूं। बाद में, मुझे एहसास हुआ कि लक्ष्य लिखने में मुझे इतना समय इसलिए लगा क्योंकि मैं खुद को जवाबदेह नहीं ठहराना चाहता था और मुझे अपनी पोटेंशियल पर भरोसा नहीं था।

एक बार जब मैंने अपना लक्ष्य परिभाषित कर लिया, तो मैं अपनी सेल्स मसल्स को और बढ़ाने की अपनी यात्रा शुरू करने के लिए तैयार था। लेकिन साथ ही, नई भूमिका के लिए खुद को एक योग्य, पात्र उम्मीदवार के रूप में प्रस्तुत करने के लिए मुझे अपने पोटेंशियल और अनुभव के बारे में यथार्थवादी होने की भी आवश्यकता थी। मैं ड्राइंग बोर्ड पर वापस गया, अपने ज्ञान और अनुभव के अंतराल को पहचानने में समय बिताया और इस बात पर विचार-मंथन किया कि मैं इस अंतर को कैसे कम कर सकता हूं। हालाँकि, मेरे मन में दो उप-लक्ष्यों के बारे में स्पष्टता थी जिन्हें परिभाषित करने की आवश्यकता थी:

- मुझे खुद को लगातार अप स्किल करने की जरूरत थी

- मुझे अपने अनुभव पोर्टफोलियो में विविधता लाने की जरूरत थी

---

22 टिप: अपने लक्ष्यों को हमेशा वर्तमान काल में लिखें जैसे कि लिखा गया कथन पहले से ही सत्य है

मैंने अपने पर निवेश करने का कदम उठाया और जनरल मेनेजमेंट के विभिन्न पहलुओं के बारे में जानने के लिए वर्ष 2011-12 में INSEAD, सिंगापुर (एक टॉप मेनेजमेंट स्कूल) में एक साल के लीडरशिप एग्जीक्यूटिव प्रोग्राम में खुद को नामांकित करवाया। मैं विभिन्न उद्योगों, क्षेत्रों और भौगोलिक स्थानों के बैच-साथियों से मिला, जिससे दुनिया के बारे में मेरा दृष्टिकोण और व्यापक हो गया, और मैं व्यावसायिक कार्यों के विभिन्न पहलुओं से बेहतर परिचित हुआ, जैसे कि विश्व स्तरीय प्रोफेसरों के साथ जुड़ना और रियल लाइफ केस स्टडी के अध्ययन पर काम करना।

लगभग उसी समय मेरी कंपनी को एक दूसरी कंपनी ने अधिग्रहण कर लिया, जिसके परिणामस्वरूप विभिन्न स्तरों पर नेतृत्व में बदलाव आया। मुझे पश्चिम भारत क्षेत्र के सेल्स डायरेक्टर के रूप में एक टीम का नेतृत्व करने के लिए एक नए पद की पेशकश की गई। मैंने सहर्षता से नए पद को स्वीकार कर लिया और मैं दिल्ली से मुंबई स्थानांतरित हो गया। वहां, मुझे विभिन्न उद्योग के कस्टमर्स के साथ कार्य करने का अवसर मिला, जिसका असर मेरे पोर्टफोलियो में विविधता लाने में हुआ, जो मेरे प्रमुख लक्ष्यों में से एक था।

2014 में, मैंने अपनी भूमिका बदली और ग्लोबल अलायंस टीम में अपना स्थनांतरण करा लिया। यहां मुझे दुनिया भर में फैली क्रॉस कल्चरल टीम के साथ काम करने का अवसर मिला, जिसमें मेरी कंपनी और मेरी पार्टनर्स की कंपनी, दोनों तरफ के सदस्य शामिल थे। ग्लोबल अलायंस टीम के भीतर, मैंने विभिन्न पार्टनर्स को संभालने और विभिन्न टीमों का नेतृत्व करने के लिए अपनी भूमिकाओं का विस्तार किया। इससे मेरे पोर्टफोलियो में ग्लोबल सिस्टम इंटीग्रेटर्स (जीएसआई) व्यवसाय के मेनेजमेंट का 360-डिग्री अनुभव जुड़ गया। जब सुसे (SUSE) एक स्वतंत्र कंपनी के रूप में माइक्रो फोकस से अलग हुई, तो मुझे 2017 में वैश्विक स्तर पर सुसे (SUSE) का जीएसआई (GSI) व्यवसाय का नेतृत्व करने को चुना गया।

मैंने जो लक्ष्य तय किया था वह छह साल के भीतर हासिल कर लिया। मेरी नकारात्मक मानसिकता से सफलता की मानसिकता की ओर बदलाव से, मुझे एक नई ऊर्जा मिली। मेरे निरंतर अप-स्किलिंग और विविधीकरण ने मुझे, खुद के भय क्षेत्र से बाहर निकाल कर विकास की ओर बढ़ाया और, मुझे अपने पोटेंशियल का पता लगाने में मदद की। मैंने अपने कार्य अनुभव में विविधता लाकर और अपने आत्म-सीमित विश्वासों पर व्यवस्थित रूप से काम करके यह निष्कर्ष निकाला कि मैं अपने विकास के लिए छोटे लक्ष्य निर्धारित और प्राप्त करके अपनी पोटेंशियल को अधिकतम कर सकता हूं।

आज यह किताब उन सेल्स पर्सन के लिए लिख रहा हूँ जो अपनी सेल्स मसल्स बढ़ाना चाहते है। किताब लिखते-लिखते मुझे यह एहसास हुआ कि मैंने अपना लक्ष्य परिभाषित और व्यवस्थित रूप से हासिल किया और जाने अनजाने में मैंने लक्ष्य निर्धारण का एक 4-I फ्रेमवर्क बनाया जिसका मैंने अनजाने में पालन किया। मैं इसे संक्षेप में आपके साथ साझा करना चाहता हूं ताकि आप स्पष्टता के साथ अपने लक्ष्य लिख सकें और शिखर तक पहुंचने की प्रक्रिया का पालन कर सकें।

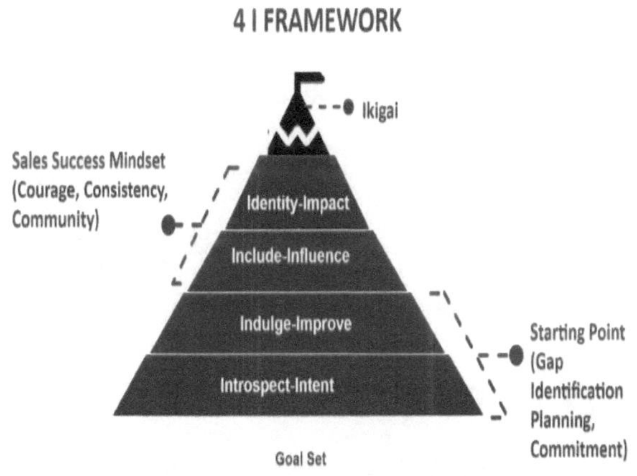

चित्र - 18: 4-I फ्रेमवर्क को दर्शाता है

इंट्रोस्पेक्ट - इंटेंट (आत्मनिरीक्षण- इरादा)

अपने आप से महत्वपूर्ण चिंतनशील प्रश्न पूछकर शुरुआत करें की आप एक सेल्सपर्सन के रूप में कैसे विकसित हो सकते हैं या कैसे एक सेल्स डील को जीत सकते हैं। इस पर अंतर्दृष्टि प्राप्त करने के इरादे से आप आत्मनिरीक्षण करते हुए अपने आप से महत्वपूर्ण चिंतनशील प्रश्न पूछकर शुरुआत करें। आपकी सोच को निर्देशित करने के लिए कुछ व्यक्तिगत विकास-उन्मुख प्रश्न इस प्रकार हैं:

1. मेरी कंपनी में विकास के क्या अवसर हैं?

2. मैं 1 साल के बाद किस प्रकार की भूमिका निभाना चाहूंगा? 5 साल बाद? 10 वर्ष बाद?

3. क्या मैं टीम मेनेजमेंट की भूमिका निभा सकता हूँ?

4. इस पद के लिए मेरे पास क्या उचित स्किल है?

5. ऐसी कौन सी कमियाँ हैं जिन पर मुझे काम करना है?

6. क्या मेरा मेनेजमेंट मुझे ऐसे व्यक्ति के रूप में देखता है जिसके पास सही पोटेंशियल हैं? मैं अपनी पोटेंशियल के बारे में अपने मेनेजमेंट की धारणा को सुधारने पर कैसे काम कर सकता हूँ?

7. अन्य स्टेकहोल्डर्स कौन हैं जो मेरे विकास में सहायक हो सकते है।?

8. मेरी नेतृत्व शैली क्या है?

9. 360-डिग्री पर्सपेक्टिव टेस्ट मेरे बारे में क्या कहता है? मुझे किन क्षेत्रों में सुधार करने की आवश्यकता है?

इंदल्ज- इंप्रूव (मग्न -सुधार)

अपने लक्ष्य को लिखने के बाद, कमियों पर चिंतन करे और उनको सुधारने की प्रक्रिया में जुनूनी तौर से मग्न हो जाए:

1. एक लीडरशिप प्रोग्राम में नामांकन करें.

2. स्किल वृद्धि कार्यक्रम में नामांकन करें, जैसे कम्यूनिकेशन कार्यक्रम, सेल्स कार्यक्रम, या मानसिकता बदलाव कार्यक्रम।

3. कंपनी के भीतर और बाहर, नए लोगों से मिलने के अवसर, व्यक्तिगत और वर्चुअल रूप से तलाशें।

4. नई सीख को कार्यस्थल पर तुरंत लागू करें।

5. आपमें क्या कमियां है उसका आंकलन लगातार करते रहे।

6. आत्म-सुधार के क्षेत्रों पर प्रतिक्रिया के लिए अपने प्रबंधक, सहकर्मियों, मित्रों और परिवार से पूछें।

7. सीखने और नेटवर्क बनाने के लिए कार्यशालाओं और सम्मेलनों में भाग लें।

इंक्लूड - इनफ्लुएंस (शामिल-प्रेरित)

लक्ष्य निर्धारण और प्राप्ति की यात्रा के लिए ऐसे लोगों को शामिल करें, जो आपको प्रेरित कर सकें, आपका समर्थन कर सकें और आपकी विकास यात्रा में आपको और दूसरों को अपने आप का बेहतर संस्करण बनने के लिए प्रेरित कर सकें।

1. अपने लक्ष्य को अपने करीबी परिवार सदस्यों के साथ साझा करें ताकि वे जान सकें कि आप क्या कर रहे हैं और आपकी लक्ष्य प्राप्ति में आपका समर्थन कर सकें।

2. अपने लक्ष्यों को अपने दोस्तों या सहकर्मियों, कोच या सलाहकार के साथ साझा करें जिन पर आपको विश्वास है ताकि वे समर्थन और सलाह दे सके और साथ ही साथ अपने विचार साझा कर सके।

3. समय अनुसार अपने प्रबंधक/टीम लीडर से समर्थन मांगे ताकि वह आपकी विश्वसनीयता की पुष्टि कर सके और

उचित समय पर अन्य महत्वपूर्ण लोगों को आपका संदर्भ दें सकें।

4. कंपनी में एक गुरु खोजें जो आपको बेहतर बनाने में आपकी मदद कर सके

5. नेटवर्किंग कार्यक्रमों के दौरान उद्योग जगत के दिग्गज लीडर्स से बात करके उनकी सलाह लें, उनकी कहानियाँ सुनें और उनके अनुभवों से सीखें।

आइडेंटिटी - इंपैक्ट (पहचान-प्रभाव)

आपका लक्ष्य आपको अपनी पहचान परिभाषित करने में मदद करेगा। दूसरो को आपके लक्ष्य के प्रति, आपकी गंभीरता देखने की जरूरत है और आप अपना प्रभाव व्यक्तिगत ब्रांडिंग की मदद से दिखा सकते हैं। जब अन्य लोग आपको लगातार अपने लक्ष्यों पर काम करते हुए देखेंगे, तभी उनसे आप समर्थन की अपेक्षा कर सकते है और वह सही स्टेकहोडर्स के सामने आपके पोटेंशियल की सिफारिश कर सकते हैं। अपनी व्यक्तिगत पहचान बनाने के कुछ तरीके इस प्रकार हैं:

1. अपने विषय/विशेषज्ञता पर काम करें।

2. अनौपचारिक मीटिंग के दौरान अपनी विशेषज्ञताओ को उदाहरण और कहानियों के रूप में दूसरों के साथ साझा करें।

3. कंपनी मीटिंग्स के दौरान अवसर मिलने पर अपनी विशेषज्ञता साझा करे।

4. कंपनी के बाहर के मंचो पर भाग ले और अपनी विशेषज्ञता साझा करने के अवसरों का लाभ उठाए।

5. आंतरिक समाचार पत्रों में अपनी सीख/ ज्ञान के बारे में लिखें।

6. लिंक्डइन जैसे प्रोफेशनल प्लेटफॉर्म पर अपनी सीख/ ज्ञान के बारे में लिखें।

लक्ष्य निर्धारण की 4-l रूपरेखा ने मुझे अपने पेशेवर करियर के इकिगई[23] क्षण तक पहुंचने में मद्द करी।

हालाँकि आत्म-जागरूकता की यह यात्रा लंबी रही है, लेकिन इसने मुझे सिखाया है कि मैं अपने पोटेंशियल पर कैसे काम कर सकता हूँ। इससे मुझे यह समझने में भी मदद मिली है कि मेरे पोटेंशियल का एक बड़ा हिस्सा मेरे लिए हमेशा अज्ञात रहेगा, जैसा कि अधिकांश लोगों के साथ होता है। दूसरी ओर, मैं उन इंटरफेरेंसेज के बारे में अधिक आत्म-जागरूक हो गया हूं जो मेरे वास्तविक पोटेंशियल में बाधा डालता है।

इंटरफेरेंस हमारी बाहरी और आंतरिक रुकावटों का एक उप-उत्पाद है जो नकारात्मक मानसिकता के रूप में सामने आता है, और 3F के रूप में प्रकट होता है जो हमारे परफॉर्मेंस पर भारी प्रभाव डाल सकते हैं। एक बार जब हम 3सी नामक मारक औषधि के साथ अपने आंतरिक इंटरफेरेंस को नियंत्रित करने और जीतने में सक्षम हो जाते हैं, तो हम बाहरी इंटरफेरेंस पर अधिक सकारात्मक[24] प्रतिक्रिया देने के लिए खुद को तैयार कर सकते हैं।

आज, मैं आश्वस्त हूं कि पोटेंशियल में से इंटरफेरेंस (आंतरिक और बाहरी दोनों) को हटाने के बाद जो कुल योग है वही परफॉर्मेंस है। मैं अब इस बात से अधिक अवगत हो गया हूं कि मुझे अपने

---

23 इकिगाई (ई-की-गाइ) खुशहाली की स्थिति की एक जापानी अवधारणा है जो व्यक्ति द्वारा आनंदित गतिविधियों के प्रति समर्पण से उत्पन्न होती है, जो संतुष्टि की भावना भी लाती है। यह उद्देश्य की भावना देता है और संतुष्टि लाता है। अधिक जानकारी के लिए पुस्तक इकिगाई: द जापानीज सीक्रेट टू ए लॉन्ग एंड हैप्पी लाइफ (गार्सिया, 2017) पढ़ें।

24 3एफ की अवधारणा को समझने के लिए प्रकरण 2 और 3 का संदर्भ लें - भय, विफलता, भूल जाएं और 3सी - साहस, निरंतरता और समुदाय

पूरे पोटेंशियल तक पहुंचने के लिए परफॉर्मेंस के फॉर्मूले पर लगातार काम करने की जरूरत है।

आपकी रणनीति ये होनी चाहिए कि आप लगातार इंटरफेरेंस कम करते रहे जब तक कि यह न्यूनतम न हो जाए और खुद को चुनौती देते रहें ताकि आप अपनी वास्तविक पोटेंशियल के रहस्य को उजागर कर समझ सके।

सेल्स मसल्स बिल्ड करने का समय

उन इंटरफेरेंसेज (बाहरी और आंतरिक दोनों) की सूची बनाएं जिनका आप अपने सेल्स सर्कल में सामना करते हैं या कर चुके हैं।

____

____

____

____

आप उस इंटरफेरेंस पर काबू पाने की योजना कैसे बनाते हैं जो आपके पोटेंशियल में बाधा डालता है?

____

____

____

____

"Tie your shoes and run towards your goals" - देवेश मोहन

यह एक ऐसा उद्धरण है जिस पर मैं विश्वास करता हूं और जब भी मैं अपने पोटेंशियल पर सवाल उठाता हूं तो यह मुझे खड़े होने के लिए प्रेरित करता है। एक प्रतिज्ञान या एक उद्धरण लिखें जो आपका

प्रतिनिधित्व करता है और आपको अपना वास्तविक पोटेंशियल को याद करने में मदद करेगा।

88 ✳ बिल्ड योर सेल्स मसल्स

प्रतिनिधित्व करता है और आपको अपना वास्तविक पोटेंशियल को याद करने में मदद करेगा।

सेल्स प्रक्रिया के माध्यम से नेविगेट करना

सेल्स प्रक्रिया: हंटर सेल्सपर्सन की भूमिका

चित्र 19: हंटर सेल्सपर्सन को दर्शाता है

कस्टमर अधिग्रहण (एक्विजिशन) प्रत्येक व्यावसायिक रणनीति का एक महत्वपूर्ण पहलू है। एंग एंड बटल (2006) ने अपने लेख "सफल कस्टमर अधिग्रहण के लिए प्रबंधन: एक अन्वेषण" में बताया कि कस्टमर अधिग्रहण पर ध्यान केंद्रित करके काफी आय कमाई जा सकती है। यहां तक कि कंपनियो के लिए, जहां कस्टमर प्रतिधारण (रिटेंशन) उनकी मुख्य रणनीति के रूप में उचित है, कस्टमर

अधिग्रहण भी अत्यधिक महत्वपूर्ण है, क्योंकि यह देखा गया है कि 25% या अधिक ग्राहकों को सालाना बदलने की आवश्यकता होती है (एंग एंड बटल, 2006)। वे गणना करते हैं कि बाजार में 16.7% हिस्सेदारी रखने वाली कंपनी को 1% अधिग्रहण की वृद्धि से 5 गुणा "आय कमाई" पर प्रभाव पडता है परस्पर 1% प्रतिधारण की तुलना में (एंग एंड बटल, 2006)।

प्रकरण 1 में, हमने लीड क्वॉलिफ़िकेशन प्रक्रिया पर चर्चा की, जहां डिमांड जनरेशन कैम्पेन फनल का अनुसरण करके MQL को SQL में परिवर्तित किया जाता है। इसके बाद, उन्हें सेल्सपर्सन (अकाउंट एक्जीक्यूटिव) को सौंप दिया जाता है, जो उन्हें योग्यता के अनुसार आगे के चरणों मे क्वालीफाई करते हुए उसको अंतिम खरीद या हार के निर्णय तक ले जाते है।। सेल्स की परिभाषा में, अकाउंट एक्जीक्यूटिव को फ़ार्मिंग सेल्सपर्सन या हंटिंग सेल्सपर्सन के रूप में परिभाषित किया गया है। हंटर नई भावी कस्टमर (लीड) से जुड़ने, अवसर को योग्य बनाने और उन्हें ग्राहकों में बदलने के लिए जिम्मेदार होता हैं। बड़े आय कमाई करने वाले मौजुदा ग्राहको को फ़ार्मिंग सेल्सपर्सन को सौपा जाता है और वे वृद्धिशील अप-सेल और क्रॉस-सेल अवसरों की पहचान करने और उन्हें पूरा करने के लिए जिम्मेदार हैं।

एक हंटिंग सेल्सपर्सन की भूमिका अत्यंत महत्वपूर्ण होती है, क्योंकि वह कंपनी की सफलता में सेल्स वृद्धि और व्यवसाय का विस्तार करते हुए बहुमूल्य योगदान देता है। कंपनिया हमेशा शीर्ष स्तर के सेल्सपर्सन की तलाश करतीं है, जो उनकी कंपनी के लिए नए रास्ते खोल सकें। हंटिंग सेल्सपर्सन की कुछ विशेषताएं जिनकी कंपनियों द्वारा बहुत अधिक मांग की जाती है, वे इस प्रकार हैं (मॉरिस,2021):

* स्वतंत्रता: अकेले काम करते समय वे आश्वस्त और उत्साही रहे।

* त्वरित कार्रवाई: वे प्रतिस्पर्धात्मक रूप से जल्दी ही लीड क्वालीफाई कर लेते हैं।

* मिशन-केंद्रित: वे रिश्तों के बजाय अवसरों पर ध्यान केंद्रित करते हैं।

* संख्या-संचालित: वे लगातार सेल्स में जीत हासिल करने पर काम करते रहते हैं।

* दृढनिश्चय: वे अस्वीकृति के डर पर जल्दी काबू पाने में सक्षम होते हैं।

एक बार जब सेल्सपर्सन की नियुक्ति हो जाती है, तो कंपनी को सेल्स प्रक्रिया को परिभाषित करने की आवश्यकता होती है जिससे हंटिंग सेल्सपर्सन सर्वोत्तम परिणाम प्राप्त दे सके और अपनी कंपनी के लिए नए कस्टमर अधिग्रहण कर सके। चलिए अब सेल्स प्रक्रिया के 5 स्टेप्स के बारे में समझते हैं - सेल्स प्रक्रिया के 5 स्टेप्स

5 Steps Sales Process

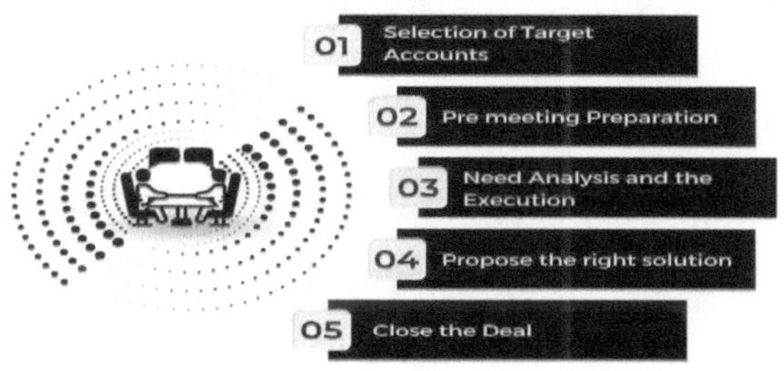

चित्र 20: हंटिंग सेल्सपर्सन के लिए पांच स्टेप्स वाली सेल्स प्रक्रिया

1. टारगेट एकाउंट्स का चयन: वित्तीय वर्ष के शुरुआत में, हंटिंग सेल्सपर्सन उन एकाउंट्स/ कस्टमर्स को परिभाषित करते हैं जिन्हें वे उद्योग, विकास पोटेंशियल, सामूहिक केंद्रित क्षेत्रों, मौजूदा

सम्बन्धों और अन्य कारकों के आधार पर चयन करना चाहते हैं। सही एकाउंट्स पर ऊर्जा केंद्रित करने के लिए, उन्हें किसी विशेष एकाउंट्स को चुनने के औचित्य, एकाउंट् तक पहुंचने की रणनीति और प्राथमिकता के क्रम में टारगेट एकाउंट्स को प्राप्त करने में आवश्यक समय और प्रयास पर चर्चा करके एकाउंट्स चयन प्रक्रिया में वरिष्ठ नेतृत्व को शामिल करना चाहिए। वरिष्ठ नेतृत्व की भागीदारी टारगेट एकाउंट्स चयन प्रक्रिया में मूल्यवान अनुभव और ज्ञान के संदर्भ में व्यापक आयाम जोड़ सकती है।

हंटिंग सेल्सपर्सन को चयनित एकाउंट्स पर काम करते समय, कुछ मापदंडों पर ध्यान देना आवश्यक है।

* एकाउंट्स का सीमित सेट - वित्तीय वर्ष के प्रारंभ में कुछ मूल्यवान एकाउंट्स का चयन करें और सीआरएम (CRM)[25] सिस्टम में चयनित एकाउंट्स को फ्रीज करें। इससे सुनिश्चित होता है कि लक्ष्य स्पष्ट रूप से परिभाषित और केंद्रित रहे। यदि सेल्सपर्सन को चयनित एकाउंट के बजाय बाजार क्षेत्र पर ध्यान केंद्रित रखना है, तो उन्हें 20 सबसे बड़े एकाउंट्स को निर्धारित कर लेना चाहिए जो कि 80% "आय कमाई" देने का पोटेंशियल रखते है (लैविंस्की, 2014)

* प्रयास और समय को संतुलित करना - लक्ष्य प्राप्ति प्रक्रिया की शुरुआत में कस्टमर अकाउंट के प्रस्तावित बजट खर्च, विकास पोटेंशियल और नई और मौजूदा प्रोजेक्ट वर्क जैसे पहलुओं का पता लगाकर गहन शोध की आवश्यकता है।

उपरोक्त के आधार पर, सेल्सपर्सन यह तय कर सकता है कि वह अपने प्रयास के समय को अलग-अलग कस्टमर एकाउंट्स में कैसे विभाजित करेगा। वह एकाउंट पोटेंशियल के आधार पर, उन

---

25 सीआरएम (CRM) - कस्टमर रिलेशन्शिप मेनेजमेंट

एकाउंट्स को प्राथमिकता दे सकता है और उन पर ध्यान केंद्रित कर सकता है जो अधिकतम परिणाम प्रदान करेंगे।

* **सेल्स योजना** - सभी विवरण एकत्र करने के बाद, हंटिंग सेल्सपर्सन अपना सेल्स प्लान बनाते हैं जिस पर अनुसरण कर के वह आने वाली हर तिमाही में अपने निर्धारित लक्ष्य की प्राप्ति कर सके। सेल्स योजना में अनिवार्य रूप से निम्लिखित शामिल होना चाहिए:

  • चयनित एकाउंट्स में वह सेल्स ऑपर्च्युनिटीज जो की संभवत: पहले से ही ज्ञात है (SDR और स्वयं की बाजार खुफिया जानकारी के आधार पर)।

  • एकाउंट की ताकत और कमजोरियां।

  • आपके विज़िबल और इनविज़िबल R[26] को बढ़ाने के लिए आप किसकी सहायता ले सकते हैं, जैसे आंतरिक टीमें और अलायंस टीमों की

  • सेल्सपर्सन, स्वयं या किसी और की सहायता से एकाउंट्स के उच्च अधिकारियों से मिल सकता है (प्रत्यक्ष रूप से, ज्ञात नेटवर्क की सहायता से, सेमिनार या आयोजना आदि)

  • भावी आय कमाई का पूर्वानुमान

सेल्स प्लान आपका मार्गदर्शक और चालू दस्तावेज़ बन जाता है, जिसके आधार पर प्रगति और चुनौतियों पर मासिक समीक्षा की जानी चाहिए। साथ ही एकाउंट में अपनी व्यस्तता, मीटिंग्स की प्रगति पर समय-समय इसे अपडेट करते रहें।

---

26 विज़िबल R (स्किल-कौशल और विल-इच्छा शक्ति) और इनविज़िबल R (इमोशनल इंटेलिजेंस-भावनात्मक बुद्धिमत्ता और ट्रस्ट-विश्वास)। विज़िबल और इनविज़िबल R के बारे में अधिक जानकारी के लिए प्रकरण 1, 4, और 5 देखें।

2- प्री-मीटिंग तैयारी: भावी कस्टमर पर सही प्रभाव बनाने के लिए हंटिंग सेल्सपर्सन को प्री-मीटिंग तैयारी करने की आवश्यकता होती है। सेल्सपर्सन के पास अपनी पावर स्टोरी होनी चाहिए, जिसको वह सटीकता से बता सके।

- पावर स्टोरी: यह आपके प्रोडक्ट, सर्विस या सॉल्यूशन के बारे में आपके द्वारा बताई गई सेल्स कहानी है, जिसको आप अपना समय व्यतीत करके बनाए और प्रैक्टिस करे। यह आवश्यक है कि पावर स्टोरी यह बताए कि कस्टमर को इससे कैसे लाभ होगा, और पेश किए गए समाधान उनकी तकलीफ को कैसे कम कर सकते हैं। कहानियो का उपयोग करके आप कस्टमर को प्रभावित करें। पावर स्टोरी में मूल्यवर्धित लाभ शामिल होने चाहिए जो प्रोडक्ट, सर्विस या सॉल्यूशन द्वारा प्रदान किए जा सकते हैं और विवरण के साथ प्रमाणित भी किए जा सकते हैं। सेल्स पिच और पावर स्टोरी के बीच अंतर करना महत्वपूर्ण है। लीड की पहचान करने के लिए एसडीआर (SDR) द्वारा सेल्स पिच प्रदान की जाती है, जबकि पावर स्टोरी अधिक सटीक होती है, जिसे हंटर्स से तब अनुकूलित करने की अपेक्षा की जाती है जब वे भावी कस्टमर्स से बात करते हैं और उनको चर्चा में शामिल होने में प्रेरित करते हैं। पावर स्टोरी इस तरीके से बुनी जानी चाहिए जिससे भावी कस्टमर खुद ब खुद अपनी समस्याओं को साझा करे और आगे की मीटिंग्स पर उन समस्याओं के समाधान पर बात हो सके। सेल्सपर्सन को उन सभी आंतरिक संसाधनों की अच्छी समझ होनी चाहिए जिनका लाभ उठाया जा सकता है और लक्ष्य प्राप्ति प्रक्रियाओं में मैप किया जा सकता है। एक बार पावर स्टोरी तैयार हो जाने के बाद, यह सब अभ्यास करने और प्रोस्पेक्टिंग के लिए तैयार होने के बारे में है।

- प्रोस्पेक्टिंग: एक बार जब सेल्सपर्सन को लीड सौंप दी जाती है और SDR ने आपकी मुलाकात तय कर दी है तो सबसे अच्छी स्थिति यह होगी कि भावी कस्टमर आपसे पहली बार में ही मिल ले। हालाँकि, सभी योजनाओं, तैयारियों और नियुक्तित कार्यक्रम के बावजूद रिजेक्शन के लिए तैयार रहना हमेशा सबसे अच्छा होता है। भावी कस्टमर स्वाभाविक तौर पर सामान्यतः "नहीं" कहने या "बाद में कॉल करें" कहते है क्योंकि यह अजनबियों के प्रति प्रतिक्रिया करने का एक स्वाभाविक तरीका है। हालाँकि, भावी कस्टमर का समय पाने के लिए लगातार फॉलो अप करना एक सेल्सपर्सन का स्वभाव में होना चाहिए। सेल्सपर्सन को उत्साह और अच्छी तरह से अभ्यास की गई पावर स्टोरी के साथ-साथ धैर्य, दृढ़ता और सही दृष्टिकोण की आवश्यकता होती है। एक सेल्सपर्सन को फॉलो-अप कॉल के लिए दिन में कम से कम 2 घंटे का समय समर्पित करना चाहिए, साथ ही बातचीत को रिकॉर्ड करने के लिए एक दैनिक प्रगति किताब भी रखनी चाहिए ताकि फॉलो-अप में एक निरंतरता रहे। इसके अलावा, कॉल के बाद संबोधनात्मक ईमेल को भेजने के लिए एक मानक परिचय का ईमेल तैयार होना चाहिए, जिसमें कंपनी और उसकी पेशकशों का एक सारांश रहे। प्रत्येक सेल्सपर्सन को यह मंत्र ध्यान में रखना है की इससे अच्छा और कोई विकल्प नहीं है कि वह कस्टमर्स से हमेशा जुड़े रहे और लगातार फॉलो-अप करते रहे।

- तैयारी और अभ्यास: कस्टमर से मिलने से पहले, सेल्सपर्सन को अभ्यास और तैयारी करनी होगी। तैयारी यह सुनिश्चित करती है कि जब सेल्सपर्सन को भावी कस्टमर के साथ मिलने का मौका मिलता है, तो सेल्सपर्सन, कस्टमर के सभी प्रश्नों का उत्तर/समाधान देने के लिए तैयार रहता है। वह सहकर्मियों के साथ मॉक अभ्यास सत्रों के माध्यम

से आत्मविश्वास पैदा कर सकता है, खामियों को पता कर सकता है और उन्हें दूर करने के लिए सुझाव भी ले सकता है। सेल्सपर्सन के पास एक सफल कस्टमर मीटिंग आयोजित करने के लिए एक स्टैंडर्ड टेम्पलेट होना चाहिए। इसमें निम्नलिखित शामिल हो सकते हैं:

* मीटिंग की रूपरेखा

* भावी स्टेकहोल्डर्स जिनका लाभ उठाया जा सकता है

* सामान्य प्रश्नों/आपत्तियों के उत्तर जो आपके पास तैयार होना चाहिए, जिसे भावी कस्टमर मीटिंग के दौरान पूछ सकता है

* अपने प्रोडक्ट, सर्विस या सॉल्यूशन के बारे में व्यापक मॉड्यूलर प्रस्तुति स्लाइड डेक

3. आवश्यकता विश्लेषण और क्रियान्वयन: भावी कस्टमर से मिलना अंततः कस्टमर अधिग्रहण के अवसर में परिवर्तित हो सकता है। इसलिए, अपनी क्रियान्वित रणनीति को योजनाबद्ध तरीके से तैयार करने और फिर कार्यान्वित करने की आवश्यकता है, ताकि सेल्सपर्सन भावी कस्टमर को उचित समाधान देने के साथ-साथ उनकी जरूरतों का सही ढंग से विश्लेषण कर सके जो उनके "भावनात्मक प्रेरकों"[27] और आवश्यकताओं को संबोधित करते हैं। कुछ सिफारिशी कदम जिन्हें सेल्सपर्सन क्रियान्वयन चरण को अनुकूलित करने के लिए अनुसरण कर सकते हैं, निम्नलिखित हैं:

• सोशल मीडिया साइटों और गेटकीपर[28] के माध्यम से भावी कस्टमर के, मुख्य अधिकारियों पर शोध करें।

---

27 भावनात्मक प्रेरक-भावनाएँ जो ग्राहक के व्यवहार को प्रेरित करती हैं (मैगिड्स, ज़ोफ़ास और लेमन, 2015)।

28 गेट कीपर्स - पहले स्तर पर कर्मचारी जो निर्णय निर्माताओं तक पहुंच को अवरुद्ध या अनुमति दे सकता है

- बैठक की शुरुआत में ही एजेंडा साझा करें ताकि यह सुनिश्चित हो सके कि भावी कस्टमर और सेल्सपर्सन के विचार एक मत हैं और समय का अच्छी तरह से उपयोग हो सके।

- भावी कस्टमर को विश्वास दिलाने के लिए आत्मविश्वास के साथ अपनी पावर स्टोरी को प्रस्तुत करें ताकि वह आप पर भरोसा कर सके। प्रस्तावित समाधानों के पोटेंशियल में विश्वसनीयता, और विश्वास बनाने के लिए सफलता की कहानियों और अनुभवों को भावी कस्टमर के साथ साझा करें।

- भावी कस्टमर की ज़रूरतों और संभावित सेल्स ऑपर्च्युनिटीज को बेहतर ढंग से समझने के लिए प्रभावी प्रश्न पूछें। प्रभावी प्रश्न कुछ और नई जरूरतों को उजागर कर सकते हैं और हो सकता है की यह आगे जाकर आपकी आय कमाई में बढ़ोतरी प्रदान कर दे।

- भावी कस्टमर की जरूरतो को बारीकी से समझने के लिए, विभिन्न आंतरिक टीमों (तकनीकी, इंजीनियरिंग, सपोर्ट या आवश्यकतानुसार कोई अन्य विभाग) के साथ समन्वय करें। इससे भावी कस्टमर के मन में यह विश्वसनीयता और बढ़ जाती है कि टीम, समस्याओ से निपटने के लिए अच्छी तरह से सुसज्जित है।

अंत में, आवश्यकताओं की पुन: पुष्टि करके बैठक समाप्त करें और यह सुनिश्चित करने के लिए उनकी सहमति लें कि सही समाधान प्रस्तावित करने के लिए सभी आवश्यक जानकारी उपलब्ध है।

4. सही समाधान प्रस्तावित करें: अगला कदम भावी कस्टमर के लिए सही समाधान तैयार करना और प्रस्तावित करना है। प्रस्ताव में इस बात पर ध्यान देना चाहिए कि उत्पाद/सेवा, भावी

कस्टमर की जरूरतों को कैसे पूरा करता है, उक्त कस्टमर के लिए प्रोडक्ट, सर्विस या सॉल्यूशन को शामिल करने के लाभों पर प्रकाश डालता है और प्रोडक्ट, सर्विस या सॉल्यूशन द्वारा समाप्त की गई तकलीफों पर प्रकाश डालता है।

यदि वास्तविक समाधान को लागू करने से पहले प्रूफ ऑफ कांसेप्ट (पी.ओ.सी.) की आवश्यकता है, तो कस्टमर के साथ सफलता के मापदंड को परिभाषित करे, इन मापदंडों पर सफलता प्राप्त करने पर पारस्परिक रूप से सहमत नियमों और शर्तों के अनुसार ऑर्डर प्लेसमेंट की पुष्टि होना आवश्यक है।

यह प्रस्ताव कस्टमर की आपत्तियों को संबोधित करने और समाधान प्रदान करने के लिए आयोजित कई मीटिंग्स और जांच पड़ताल के सेशन्स का एक उच्च स्तरीय प्रस्ताव दस्तावेज़ है। आपत्तियाँ प्रतीक है, जो कदम दर कदम हल करनी है जिससे कि आप आखरी कदम पर पहुंच सकें, जो की डील को क्लोज़ करना है। इसलिए, सेल्सपर्सन को हमेशा अपने प्रस्ताव पर कस्टमर की आपत्तियों की तलाश करनी चाहिए, क्योंकि इससे उन्हें विश्वास होगा कि चर्चा एक सही दिशा मे आगे बढ़ रही है। तकलीफों को ध्यान से सुनें और भावी कस्टमर की संतुष्टि के अनुसार उनका समाधान करें। हर समय, सेल्सपर्सन को भावी कस्टमर को सर्वोत्तम संभव समाधान प्रदान करने के लिए आंतरिक टीमों के साथ समन्वय करने की आवश्यकता होती है।

5. डील क्लोज़ करे: जब तक डील क्लोज़ नहीं हो जाती, तब तक वह एक भावी कस्टमर ही रहता है और कस्टमर नहीं बनता है। यह सेल्स सर्कल का अंतिम स्टेप है, और सेल्सपर्सन को तब तक अपनी सतर्कता कम नहीं करनी चाहिए जब तक कि वह आखरी पड़ाव पार न कर ले। इस पड़ाव पर सेल्सपर्सन का व्याकुल होना स्वभाविक है हालाकि सेल्सपर्सन को इस बात को समझना होगा की भावी कस्टमर भी अपनी कंपनी के विभिन्न स्टेक होल्डर की समस्याओं का निवारण करने में लगा होगा।

हालाँकि भावी कस्टमर को पर्चेज ऑर्डर जारी करने के लिए विभिन्न स्टेकहोल्डर्स के साथ आंतरिक रूप से भी काम करना पड़ता है, इसलिए वह भी आपको पर्चेज ऑर्डर जारी करने के लिए उतना ही चिंतित होगा। ऐसी स्थिति में यह आवश्यक है कि सेल्सपर्सन, भावी कस्टमर का समर्थन करता रहे और प्रक्रिया को सुचारू बनाने के लिए पर्याप्त प्रामाणिकता प्रदान करे।

अक्सर डील क्लोज करते समय मूल्य प्रस्ताव (प्राइस कोटेशन) अक्सर प्रतिरोध का कारण होती है, क्योंकि भावी कस्टमर, सेल्सपर्सन द्वारा दिए गए मूल्य प्रस्ताव से और बेहतर मूल्य चाहते हैं।। इस समय सेल्सपर्सन को प्रोडक्ट, सर्विस या सॉल्यूशन के लाभों को बताते हुए चर्चा जारी रखनी चाहिए और आगे का मार्ग प्रशस्त करते रहना चाहिए। सेल्सपर्सन को प्रस्ताव के साथ आगे नहीं बढ़ने के नुकसान को प्रदर्शित करके भावी कस्टमर में खरीदारी की इच्छा बढ़ानी चाहिए। सेल्सपर्सन जानते हैं कि भावी कस्टमर आम तौर पर मांगी गई कीमत का भुगतान करने को तैयार नहीं होते हैं और बातचीत के माध्यम से सबसे अच्छा सौदा पाने के लिए मोलभाव करते हैं। ऐसी स्थिति में बुद्धिमान सेल्सपर्सन के पास आमतौर पर बैकअप के रूप में मूल्य समाधान और वैकल्पिक योजनाए होती है क्योंकि उसका अंतिम लक्ष्य सौदे को जीतना है। हम प्रकरण 10 में सेल्स संबंधी बातचीत पर अधिक विस्तार से चर्चा करेंगे।

निष्कर्ष में, कस्टमर अधिग्रहण के लिए सेल्सपर्सन को अपनी विल और स्किल के साथ अपने विज़िबल R और अपनी भावनात्मक बुद्धिमत्ता और विश्वास के साथ अपने इनविज़िबल R को प्रदर्शित करने की आवश्यकता होती है। इसके लिए सेल्सपर्सन को रिजेक्शन के डर पर काबू पाना होगा और एक हंटिंग सेल्सपर्सन बनना होगा जो कंपनी के लिए उच्च-स्तरीय सेल्स डील्स को जीतने के लिए तैयार हो।

सेल्स मसल्स बिल्ड करने का समय

अपने किसी एक कस्टमर के लिए अपना सेल्स प्लान बनाएं जिसमें निम्नलिखित शामिल हों:

एकाउंट में संभावित सेल्स ऑपर्च्युनिटीज	
एकाउंट में आपकी कंपनी की ताकत और कमजोरियां क्या हैं?	
अगले 3 महीनों में सेल्स ऑपर्च्युनिटीज को अगले चरण में बढ़ाने का क्या योजना है?	

सेल्स प्रक्रिया: फ़ार्मिंग सेल्सपर्सन की भूमिका

चित्र 21: फ़ार्मिंग सेल्सपर्सन को दर्शाता है

सेल्स में, नए कस्टमर्स का अधिग्रहण करना महत्वपूर्ण है (प्रकरण 7 में हंटर सेल्सपर्सन की भूमिका पर चर्चा की गई है), लेकिन नियमित आय कमाई को सुनिश्चित करने के लिए मौजूदा कस्टमर्स का प्रतिधारण (रिटेंशन) भी उतना ही महत्वपूर्ण है। फ़ार्मिंग सेल्सपर्सन की जिम्मेदारी मौजूदा कस्टमर्स के प्रतिधारण की होती है, साथ ही उनको सेवाए देते हुए वृद्धिशील सेल्स अवसरों को पहचान कर उनको जीतने की भी होती है। यहां तक कि मार्केटिंग गुरु फिलिप कोटलर ने भी कहा है, "मौजूदा कस्टमर्स को बनाए रखना नए कस्टमर्स को अधिग्रहन करने की तुलना में 5 से 7 गुना अधिक फायदेमंद है" (सूजा, 2020)।

5 Steps Sales Process

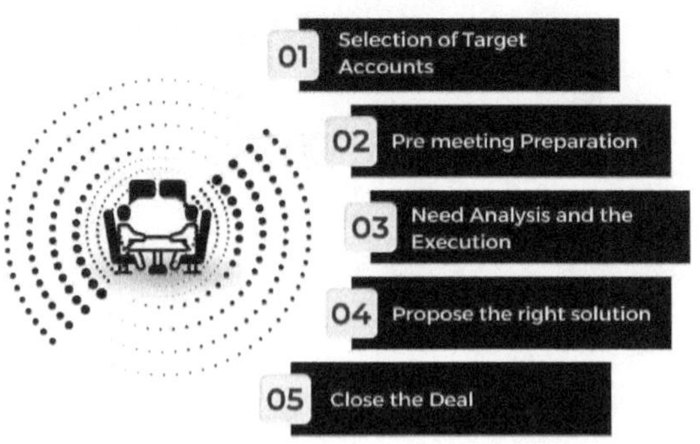

चित्र 22 हंटर सेल्सपर्सन के लिए पांच चरणों वाली सेल्स प्रक्रिया

चित्र में दिखाई गई सेल्स प्रक्रिया[29] हंटिंग सेल्सपर्सन की है जो कि कुछ अंतर के साथ काफी हद तक फ़ार्मिंग सेल्सपर्सन पर भी लागू होती है

स्टेप 1 में, हंटिंग सेल्सपर्सन को नए एकाउंट्स का चयन करना होता है जबकि फ़ार्मिंग सेल्सपर्सन को मौजूदा एकाउंट्स के साथ काम करना होता है। स्टेप 2 में, हंटिंग सेल्सपर्सन के विपरीत, फ़ार्मिंग सेल्सपर्सन को ध्यान आकर्षित करने और विश्वसनीयता बनाने के लिए अपनी पावर स्टोरी को फिर से रचने की आवश्यकता नहीं होती है क्योंकि कस्टमर पहले से ही प्रोडक्ट, सर्विस या सॉल्यूशन का उपयोग कर रहा है। फ़ार्मिंग सेल्सपर्सन को मौजुदा एकाउंट्स में नए सेल्स अवसरों ढूंढने की ज़िम्मेदारी होती है। ऐसी परिस्थिति में कस्टमर अकाउंट में जो विभाग आपके प्रोडक्ट, सर्विस या सॉल्यूशन से अत्यंत संतुष्ट है, उनके विभागाध्यक्ष और दूसरे महत्वपूर्ण अधिकारी आपके प्रचारक बनके आपको दूसरे विभागों के संबंधित स्टेकहोल्डर्स से सिफारिश कर सकते है या आपके प्रोडक्ट, सर्विस या सॉल्यूशन की प्रशंसा करके उनको प्रभावित कर सकते है।

---

29 सेल्स प्रक्रिया को अध्याय 7 में विस्तार से समझाया गया है

दूसरे विभागों को ऐसी स्थिति में आपके ऊपर विश्वास कर पाना आसान हो जाता है और आपको अतिरिक्त सेल्स अवसरों जीतने में अत्यधिक सहायक हो जाता है।

इसलिए, फ़ार्मिंग सेल्सपर्सन मौजूदा एकाउंट्स का ख़्याल करके और इन एकाउंट्स के भीतर अतिरिक्त सेल्स अवसरों तलाश करके व्यवसाय बढ़ाने में समान रूप से मूल्यवान हैं।

फ़ार्मिंग सेल्सपर्सन की कुछ विशिष्ट विशेषताएँ इस प्रकार हैं (मॉरिस, 2021)

1. रणनीतिक विचारक और समस्या-समाधानकर्ता

2. रिश्तों और गठबंधन पर फोकस

3. नई स्किल्स सीखने और विकसित करने के इच्छुक

4. सेवा-उन्मुख और कस्टमर के साथ सहयोगात्मक दृष्टिकोण अपनाना

5. परिणाम-केंद्रित रहकर कस्टमर्स से किये गए वादे पर खरा उतरना

अधिकांश कम्पनी में, सेल्सपर्सन कोई एक भूमिका निभाते हैं - या तो फार्मर या हंटर। पर मैं भाग्यशाली रहा हूँ कि मुझे एक हंटर और फार्मर दोनों के रूप में काम करने का अवसर मिला। 2014 से मैंने, अपनी कंपनी के ग्लोबल एलायंस विभाग में विभिन्न भूमिका निभाई है, और मैं भाग्यशाली रहा हूं की मैंने यह दोनो भूमिकाएं परस्पर रूप से निभाई है। एक ओर, मुझे अपने पार्टनर्स के साथ नए संयुक्त सोल्युशंस बनाने थे, जीटीएम (GTM)[30] को परिभाषित करना था, और पार्टनर्स के मौजूदा कस्टमर अकाउंट्स में अतिरिक्त सेल्स ऑपर्च्युनिटीज ढूंढनी थी और वही दूसरी ओर मुझे वैश्विक स्तर पर जीएसआई (GSI) पार्टनर्स के नए कस्टमर एकाउंट्स में भी नई सेल्स अवसरों को ढूंढना था, जिससे कि आय कमाई में वृद्धि हो सके।

---

30 GTM - गो टू मार्केट

मार्च 2021 में, कोविड-19 महामारी के समय से, मैं कैनोनिकल में जीएसआई (GSI) सेल्स डाइरेक्टर के रूप में काम कर रहा हूं, और मुझे विश्व स्तर पर उनके जीएसआई (GSI) व्यवसाय को स्थापित करने और बढ़ाने की ज़िम्मेदारी है। कैनोनिकल यूके (UK) स्थित एक ओपन-सोर्स सॉफ्टवेयर कंपनी है जिसकी जीएसआई (GSI) के भीतर बहुत सीमित उपस्थिति थी। मेरी भूमिका ने मुझे दोनों व्यापारिक साझेदारी विकसित करने और विश्व स्तर पर जीएसआई (GSI) एकाउंट्स से आय कमाई बढ़ाने का कार्य सौंपा गया था और इस कारण मैं दोनो, हंटिंग सेल्सपर्सन और फ़ार्मिंग सेल्सपर्सन की ज़िम्मेदारियां निभा रहा हूं।

महामारी के चरम पर कैनोनिकल मे शामिल होना एक अवसर और चुनौती दोनों था। यह एक मौका था, क्योंकि मुझे जीएसआई (GSI) एकाउंट्स के भीतर व्यवसाय बढ़ाने की ज़िम्मेदारी दी गई थी जहाँ हमने न्यूनतम व्यवसाय किया था, इसलिए मैं केवल उनमें सुधार कर सकता था। हालाँकि, यह एक ऐसी चुनौती भी थी क्योंकि हमारे पास अनुसरण करने के लिए कोई मिसाल नहीं थी और हमे कभी भी जीएसआई (GSI) व्यवसाय को वैश्विक महामारी के दौरान स्थापित और बढ़ाने का अनुभव नहीं था।

इसने मुझे उन रणनीतियों के बारे में सोचने के लिए प्रेरित किया कि कैसे कंपनी के प्रोडक्ट, सर्विस या सॉल्यूशन को कस्टमर्स के बीच, कोविड-19 महामारी के समय में सर्वोत्तम तरीके से प्रस्तुत किया जाए। वर्च्युयल सेल्स के वातावरण में चुनौतियों ने मुझे समय-परीक्षणित रणनीतियों का पुनर्मूल्यांकन करने और VUCA परिवेश में नए कस्टमर्स प्राप्त करने के नवीन तरीकों की तलाश करने के लिए मजबूर किया। विचारों की तलाश करते समय, मुझे कातला फिश मॉडल के बारे में एक दिलचस्प लेख मिला, जिससे मुझे उन चुनौतियों के बारे में जानकारी मिली जिनका मैं सामना कर रहा था और एक फ़ार्मिंग सेल्सपर्सन के रूप में मैं अपनी सेल्स रणनीति पर लागू कर सकता था।

कातला फिश मॉडल[31]

1980 के दशक की शुरुआत में भारत के पश्चिम बंगाल राज्य में किसान परंपरागत रूप से मानसून के दौरान चावल की केवल एक फसल ही काटते थे।

लेकिन एक उत्पाद की सेल्स के इस तरीके से किसानों को अपनी आजीविका के लिए पर्याप्त पैसा कमाने में मदद नहीं मिल रही थी। उस समय, पश्चिम बंगाल में कृषि अनुसंधान संस्थान स्थानीय किसानों को उनकी फसल की पैदावार में सुधार के लिए विभिन्न क़िस्म की फसल को उगाने के तरीके पर शोध कर रहा था। कुछ स्थानीय किसान अपने दृष्टिकोण में दूरदर्शी थे और फसल उगाने के अपने तरीके को बदलने/सुधारने के लिए इक्षुक भी थे ताकि कृषक समुदाय अपनी सेल्स की आय कमाई में सुधार कर सके। इन दूरदर्शी किसानों ने ज्ञान प्राप्त करने और विभिन्न नये प्रकार के तरीके को सीखने के लिए कृषि रिसर्च इंस्टीट्यूट के साथ साझेदारी की, जिससे की वह नई विधि से खेती की फसल उगाने में प्रयोग कर सके। इसके बाद, रिसर्च इंस्टीट्यूट और किसानों ने फसल उगाने के पैटर्न को बदलने में जोखिम लेने के लिए कृषक समुदाय को ज्ञान प्रदान करने और उनमें कौशल विकसित करने के लिए धैर्यपूर्वक एक साथ काम किया।

---

31 कातला फिश मॉडल गोपाल कृष्णन द्वारा 2016 में बोनसाई मैनेजर में लिखी गई एक अवधारणा है।

चित्र 23 में दर्शाया गया है कि कैसे किसानों ने धान और कातला मछली दोनों के साथ अपनी फसल की उपज बढ़ाई

किसानों ने ज़मीन के 20% हिस्से पर तालाब खोदा और खोदी गई मिट्टी को बाकी खेत में फैला दिया। 80% भूमि पर बेहतर ऊपरी मिट्टी के साथ, धान की उपज में सुधार हुआ और उतनी ही मात्रा मे चावल का उत्पादन हुआ जितना की पहले वह 100% भूमि पर होता था। नायाब विचार यह था कि खुदे हुए तालाब में उन्होंने अब मछली पालन शुरू कर दिया, जिसमें पहले से ही बारिश का पानी जमा हो रहा था। कृषि रिसर्च इंस्टीट्यूट के मार्गदर्शन से दूरदर्शी किसानों ने मानसून सीजन से ठीक पहले तालाब में बेबी कातला मछली डाल दी। चूंकि कातला मछली तेजी से बढ़ने वाली प्रजाति है, इसलिए वे बहुत तेजी से बढ़ीं और जिसकी वजह से किसानों को आय का दूसरा स्रोत मिल गया। प्रारंभ में, अन्य किसान दूसरी फसल को उगाने में संकोच कर रहे थे क्योंकि इसके लिए उन्हें अपने कमफर्ट ज़ोन से बाहर निकलने की आवश्यकता पड़ती। हालांकि, दूरदर्शी किसानों में बेहतर भविष्य की स्पष्ट दृष्टि और साझेदारी की समझ थी और इस सोच से उन्होंने अन्य किसानों को यह नया इनोवेटिव फसल मॉडल को अपनाने के लिए प्रेरित किया। इस दो फसली मॉडल ने किसानों को खासकर कम उत्पादक मौसम के दौरान अतिरिक्त आय दी।

कातला मछली के उदाहरण ने मुझे याद दिलाया कि, महामारी द्वारा थोपी गई अभूतपूर्व चुनौतियों के बावजूद, एक सेल्सपर्सन के

रूप में मुझे बड़े दृश्य पर ध्यान केंद्रित करना, मजबूत मूल्य-योग्य साझेदारियों को बनाना, और लगातार अपने कौशल को बढ़ाने की आवश्यकता थी। निम्नलिखित अनुभाग में समझाया गया है, कि फार्मिंग सेल्सपर्सन कैसे भावी कस्टमर के साथ जुड़ने की योजना बना सकता है।

1. बड़ी तस्वीर की कल्पना करें: नए प्रोडक्ट, सर्विस या सॉल्यूशन को पेश करने की रणनीति की योजना बनाते समय एक सेल्सपर्सन को अगले तीन वर्षों में कस्टमर्स की विकास क्षमता का आकलन करना चाहिए। सेल्सपर्सन को कंपनी के क्रेडेंशियल्स - विश्लेषक प्रस्तुतियों, बैलेंस शीट और मीडिया घोषणाओं आदि के माध्यम से भावी कस्टमर्स के लाभ और नुकसान बिंदुओं पर शोध करने के लिए पर्याप्त समय देना चाहिए - और कस्टमर की कंपनी के भीतर और बाहर दोनों प्रमुख स्टेकहोल्डर्स के साथ निष्कर्षों को मान्य करना चाहिए। ये संपूर्ण शोध सेल्सपर्सन को संभावित सेल्स अवसरों के बारे में जानकारी देता है और उन्हें अपनी कंपनी के संभावित समाधानों के साथ मैप करने में सहायता करता है जिससे की भावी कस्टमर को उनके लाभ को बढ़ाने या उनकी तकलीफ को कम करने के लिए पेश किया जा सके। इन सभी सेल्स अवसरों के परिपेक्ष्य पर अन्य स्टेकहोल्डर्स के साथ आंतरिक रूप से चर्चा की जानी चाहिए जो योजना बनाने और क्रियान्वित करने में सेल्सपर्सन का समर्थन कर सकते हैं।

जब मुझे विश्व स्तर पर व्यापार वृद्धि के लिए जीएसआई (GSI) एकाउंट्स को संभालने की भूमिका दी गई, तो मुझे सबसे पहले यह सोचना था कि मैं उन्हें "ओपन-सोर्स के सबसे भरोसेमंद स्रोत के रूप में कॉनोनिकल" को देखने के लिए कैसे प्रभावित कर सकता हूं। मुझे जीएसआई के प्रत्येक विभाग की समीक्षा करनी पड़ी और समझना पड़ा कि किसके साथ संयुक्त सोल्युशंस बनाने में व्यवसायिक हित होगा। हमारे साथ संयुक्त सोल्युशंस बनाने में जीएसआई की रुचि बढ़ाने के लिए मुझे उनके सर्विस

प्रैक्टिसेज और इंडस्ट्री वर्टिकल का विश्लेषण करना पड़ा। मुझे अपने प्रोडक्ट्स और सर्विसेज को जीएसआई पार्टनर के प्रस्ताव का हिस्सा बनाने वाले संभावित यूज केसेस पर अपने आंतरिक टीम और जीएसआई टीमों के साथ कई बार चर्चा करनी पड़ी जिससे कि भावी कस्टमर्स की तकलीफें कम हो सकें। इन तीन वर्षों में "कैनोनिकल को ओपन-सोर्स के सबसे भरोसेमंद स्रोत के रूप में" रखने की स्पष्ट दृष्टि के साथ, मैं अल्पकालिक लक्ष्य बनाने में सक्षम था जो लोंग टर्म बिजनेस ग्रोथ के लक्ष्यों के अनुरूप थे।

2. दीर्घकालिक मूल्य-योग्य पार्टनरशिप बनाएं: एक सेल्सपर्सन को भावी कस्टमर के साथ लंबे समय के संबंध बनाने, नए कस्टमर्स के साथ विश्वास कायम करने और दीर्घकालिक मूल्य-योग्य साझेदारी बनाने की दिशा में लगातार काम करना होता है। रणनीतिक गठजोड़ और पार्टनरशिप बनाने से जीएसआई पार्टनर्स को हमारे जैसे वेंडर्स के उत्पाद को एकीकृत करके (जैसे की कैनॉनिकल के ओपन-सोर्स उत्पाद) अपनी सेवाओं को उनमें जोड़ कर कस्टमर को व्यापक समाधान देने में सफल हो पाते है। इसका मतलब यह है कि इकोसिस्टम में विभिन्न पार्टनर्स के साथ गठबंधन करना व्यवसाय योजना की वृद्धि में बेहद महत्वपूर्ण हो जाता है।

2021 में, जब मैंने कैनोनिकल के लिए जीएसआई के व्यवसाय को बढ़ाने की नई जिम्मेदारी ली, तो मैं सबसे पहले जीएसआई इकोसिस्टम में अपने पहले स्तर के संपर्कों तक पहुंचा, फिर दूसरे पार्टनर्स जैसे IHV - आईएचवी (Independent Hardware Vendors), CSP - सीएसपी (Cloud Service Providers), और मूल्य वर्धित पार्टनर आदि, से जुड़ने के लिए उनका समर्थन मांगा, जो कैनोनिकल के व्यवसाय विकास के लिए महत्वपूर्ण थे। इससे मुझे इकोसिस्टम में अवसरों को जल्दी पहचानने में मदद मिली। फिर मैंने पार्टनर्स के मन में ब्रांड की विश्वसनीयता

स्थापित करने पर कार्य किया, जिससे मैं उनकी जरूरतों को पूरा करने और जाइंट सोल्युशंस बनाने में सफल रहा।

3- **अपने आप को अधिक ज्ञान और कौशल प्रदान करें:** आज टेक्नोलोजी हर किसी के जीवन में इतनी व्यापक हो गई है कि अब हम एक नई कहावत कह सकते हैं कि हर किसी को रोटी, कपड़ा, मकान और टेक्नोलोजी की जरूरत है। इसका मतलब यह है कि बाजार और प्रॉडक्ट के ज्ञान को हासिल करने के लिए सेल्सपर्सन को अब अपने भावी कस्टमर्स से टेक्नोलोजी के मामले में एक कदम आगे रहने की जरूरत है। एक सेल्सपर्सन को अपने प्रॉडक्ट का ज्ञान, टेक्नोलोजी कौशल और सॉफ्ट स्किल को उन्नत करने पर लगातार समय बिताने की आवश्यकता है जो उन्हें बाज़ार मे आगे बढ़ने में हमेशा मदद करेगा।

महामारी में, मैंने सक्रिय रूप से विभिन्न विशेषज्ञों द्वारा आयोजित साप्ताहिक वेबिनार में भाग लेकर प्रॉडक्ट के बारे में अधिक ज्ञान के साथ खुद को बेहतर बनाने के तरीके खोजे। मैंने बाजार के रुझान और समान चुनौतियों का सामना कर रहे उद्योग पेशेवरों की राय को समझने के लिए मैंने कई वर्चुअल सेल्स सम्मेलनों में भाग लिया। व्यक्तिगत मोर्चे पर, मैंने इंटरनेशनल कोचिंग फेडरेशन (ICF) के साथ एक कोच के रूप में अपना प्रमाणन प्राप्त करने में समय लगाया।

मैंने अपनी टीम को प्रशिक्षित करने, प्रभावी प्रश्न पूछने और वर्चुअल प्लेटफ़ॉर्म पर भावी कस्टमर्स और कस्टमर्स के साथ बातचीत करने के नए तरीके सीखे।

सेल्स साइकल हमेशा चुनौतीपूर्ण होती है, लेकिन यह और भी अधिक कठिन हो जाता है जब प्रवेश बाधाएं अधिक होती हैं और सेल्सपर्सन्स को नए तरीकों से निपटना पड़ता है। इसलिए, सेल्सपर्सन को कस्टमर की जरूरतों, प्रोडक्ट, सर्विस या सॉल्यूशन और स्थितियों के आधार पर अपने सेल्स दृष्टिकोण

को अनुकूलित करने की आवश्यकता होती है। नए व्यवसाय के विकास को बेहतर बनाने के लिए, सेल्सपर्सन को व्यवसाय की बड़ी तस्वीर समझनी होगी, दीर्घकालिक मूल्य-योग्य प्रॉडक्ट पार्टनरशिप बनाने होंगे और अपने कौशल को लगातार बेहतर करना होगा।

सेल्स मसल्स बिल्ड करने का समय

नीचे फ़ार्मिंग सेल्सपर्सन और हंटिंग सेल्सपर्सन की विशेषताओं पर विचार करें। इन विशेषताओं के आधार पर स्वयं का मूल्यांकन करने का प्रयास करें। प्रत्येक के लिए आपका कुल स्कोर क्या है? अपने स्कोर से मूल्यांकन करें कि आप बेहतर फ़ार्मिंग सेल्सपर्सन हैं या हंटिंग सेल्सपर्सन हैं।

अगले पृष्ठ पर सूची में निम्नलिखित विशेषताओं के आधार पर अपना मूल्यांकन करें

फ़ार्मिंग सेल्सपर्सन

विशेषताएँ	अपने आप में इन गुणों को प्रमाणित करने के लिए उदाहरण लिखें	रेटिंग 1-10 न्यूनतम से उच्चतम।
रणनीतिक विचारक और समस्या समाधानकर्ता		
रिश्तों और अलायंसिस पर फोकस		
नए कौशल सीखने और विकसित करने के इच्छुक		
कस्टमर के साथ सेवा-उन्मुख और सहयोगात्मक दृष्टिकोण		
कस्टमर से किए गए वादे के अनुसार पूरा परिणाम देने पर केंद्रित		

हंटिंग सेल्सपर्सन

विशेषताएँ	अपने आप में इन गुणों को प्रमाणित करने के लिए उदाहरण लिखें	रेटिंग 1-10 न्यूनतम से उच्चतम।
आत्मविश्वास और उत्साह से स्वतंत्र काम करना		
शीघ्रता से क्वालीफाई करे		
मिशन का उद्देश्य - रिश्ते की बजाय अवसर पर ध्यान केंद्रित करना है		
नंबर ड्रिवन - लगातार डील को जीतने पर कार्य करना		
दृणि -रिजेक्शन के डर पर शीघ्रता से काबू पाने में सक्षम		

आपका कुल स्कोर क्या है? मूल्यांकन करें कि आप फ़ार्मिंग सेल्सपर्सन हैं या हंटिंग सेल्सपर्सन।

मेगाडील्स में स्टेकहोल्डर्स का मानचित्रण

चित्र 24: शतरंज को मेगाडील्स में स्टेकहोल्डर्स की मैपिंग
के सादृश्य के रूप में दर्शाया गया है

हर सेल्सपर्सन मेगाडील्स हासिल करना चाहता है क्योंकि यहीं पर वे ज्यादा कमीशन कमा सकते हैं। 2006 में, मैं अपनी कंपनी के सबसे बड़ी बीमा कंपनी एकाउंट्स में से एक को मेनेज करने वाला फ्रंट-एंड सेल्स एक्जीक्यूटिव था। वे अपने बैक-एंड नेटवर्क के बुनियादी ढांचे को पूरी तरह से बदलना चाहते थे और हम डील जीतने के लिए भारत की कुछ सबसे बड़ी दूरसंचार कंपनियों के खिलाफ प्रतिस्पर्धा कर रहे थे। दाँव बड़े थे इसलिए स्टेकहोल्डर्स की संख्या भी अधिक थी, और सबके साथ रिश्ते बनाने और अपने सॉल्यूशन का वैल्यू प्रोपोजिशन समझाना भी आवश्यक था। इसमें उनकी आईटी टीम और उसका नेतृत्व, बाहरी सलाहकार, सी-स्तर के कार्यकारी, और

ओईएम[32] साथी थे। इसके अलावा, हमें यह भी समझना आवश्यक था कि हमारे प्रतिद्वंदियों की क्या योजनाएँ थीं। सभी स्टेकहोल्डर्स को अलग-अलग प्रस्ताव पर अपडेट करते थे, जिसमें यह भी शामिल था कि हमारे प्रतिद्वंदियों के मुकाबले हम क्यों और कैसे बेहतर थे। ऐसा करने से, स्टेकहोल्डर्स मीटिंग्स के दौरान सभी को एक ही पृष्ठ पर लाना काफी हद तक आसान हो जाता था। इस सेल्स डील को क्लोज़ होने में लगभग 12 महीने लग गए, जिसमें कई दौर की मीटिंग्स, स्पष्टीकरण, बातचीत, संशोधित प्रस्ताव और अंत में समझौता हुआ, जिसमे लीगल टीमें कई मिलियन डॉलर के सौदे को सील करने के लिए शामिल हुईं।

मेगाडील्स पेचीदा होती है और सभी प्रकार के स्टेकहोल्डर्स को मैप करने के लिए योजना और रणनीति बनाना अतिआवश्यक होता है। मेगाडील्स में, प्रत्येक स्टेकहोल्डर्स की एक अलग भूमिका होती है जो डील को हासिल करने में योगदान देती है। एक सक्षम सेल्सपर्सन न केवल सी.ई.ओ, सी.आई.ओ या सी.एफ.ओ जैसे अंतिम निर्णयकर्ता को मैप करता है, बल्कि अन्य सभी स्टेकहोल्डर्स को भी मैप करता है, जिनका सेल्स कांट्रैक्ट देने पर प्रत्यक्ष या अप्रत्यक्ष प्रभाव होता है।

मैगाडील्स में, सेल्सपर्सन को डील क्लोज़ करने के लिए निम्नलिखित सांकेतिक दिशानिर्देश का पालन करना पड़ेगा:

- भावी स्टेकहोल्डर्स की पहचान करना

- कस्टमर की सभी आवश्यकताओं को समझना

- उस कोच की पहचान करना जो आपका मार्गदर्शन कर सके

- पहचाने गए स्टेकहोल्डर्स से जुड़ने के लिए व्यक्तिगत नेटवर्क का लाभ उठाना

- कस्टमर की जरुरत के अनुरूप पिच और पावर स्टोरी को उनकी रुचि के अनुसार प्रस्तुत करना

---

32 OEMs ओईएम - ओरिजिनल ईक्विपमेंट मैनुफेक्चुरिंग

- संपूर्ण सेल्स साइकल में सेल्सपर्सन का समर्थन करने के लिए सही आंतरिक टीमों की पहचान करना

- सभी स्टेकहोल्डर्स से मिले इनपुट के आधार पर अगले कदम की योजना बनाना।

इसकी शुरुआत कस्टमर की कंपनी के अलग-अलग स्टेकहोल्डर्स की भूमिकाओं, जिम्मेदारियों और उनका आपस में शक्ति समीकरण के बारे में समझना सेल्सपर्सन के लिए अति महत्वपूर्ण है।

आइए शतरंज को सादृश्य के रूप में उपयोग करके मेगाडील्स में स्टेकहोल्डर्स की मैपिंग की अवधारणा को समझें। शतरंज रणनीति का खेल है, जहां हर मोहरे की एक भूमिका होती है, चाहे वह राजा, रानी, नाइट, बिशप, रूक या प्यादे हो, और हर चाल के पीछे एक समग्र दिशा और रणनीति के साथ एक उद्देश्य होता है। कोई भी चाल चलने से पहले आपको अपने दिमाग में आगे की चाल में स्पष्टता लानी होगी, क्योंकि एक गलत चाल खिलाड़ी की रणनीति, दिशा को प्रभावित कर सकता है और आपकी जीत को जोखिम में डाल सकती है।

शतरंज की तरह मेगाडील में आम तौर पर छह प्रकार के प्रमुख स्टेकहोल्डर्स होते हैं जिन्हें समग्र रणनीतिक योजना में शामिल करने की आवश्यकता होती है।

- गेटकीपर्स (Pawn - प्यादा)

- खरीदार (Queen - रानी)

- प्रभावक (Knight -घोड़ा)

- कंसल्टेंट (Bishop - ऊँट)

- पार्टनर्स (Rook - हाथी)

- सी-लेवल अधिकारी (King - राजा)

गेटकीपर्स: शतरंज के प्यादों की तरह, ये गेटकीपर प्रथम स्तर के मूल्यांकनकर्ता होता हैं। उनकी भूमिका महत्वपूर्ण है, क्योंकि सेल्सपर्सन उनसे जानकारी इकट्ठा करके अपने लाभ के लिए उपयोग कर सकता है। और वे निर्णय निर्माताओं के साथ मीटिंग्स निर्धारित करने में सहायता कर सकते हैं। गेटकीपर्स से प्राप्त हुई बहुमूल्य जानकारी सेल्सपर्सन को अपनी योजनाओ को सूक्ष्म और व्यापक दोनों स्तरों पर कार्यान्वित करने में काफी मदद दे सकती है और अंततः सेल्स डील को जीतने में मददगार साबित हो सकती है। इसलिए, गेटकीपर्स के साथ अत्यधिक सम्मान के साथ व्यवहार किया जाना चाहिए और उनके मूल्यवान ज्ञान पर पूरा ध्यान दिया जाना चाहिए।

खरीदार: मैपिंग में अगला, खरीदार का नंबर आता है। खरीदार वह है जो उन प्रोडक्ट, सर्विस या सॉल्यूशन के वास्तविक उपयोगकर्ता है जिन्हें आप बेचना चाहते हैं। यहाँ सेल्सपर्सन के लिए खरीदार की ज़रूरतों को समझना आवश्यक हो जाता है ताकि पेश किया गया प्रोडक्ट, सर्विस या सॉल्यूशन खरीदार की ज़रूरतों से मेल खाए। इस स्तर पर, सेल्सपर्सन को खरीदार से उनके तकलीफ के मुद्दो को समझने की आवश्यकता होती है, जैसे खर्चा कम करना या स्वचालन के माध्यम से दक्षता बढ़ाना, और कंपनी के दृष्टिकोण को समझना, जैसे नई पहल और नए बाजार जिन्हें कस्टमर संबोधित करना चाहता है। आपका प्रोडक्ट, सर्विस या सॉल्यूशन किस प्रकार खरीददार की समस्याओं में कमी ला सकता है या और लाभ देने में मदद कर सकता है ऐसी चर्चाओं को करने से आप खरीददार के मन में रुचि पैदा करके चर्चा को आगे बढ़ा सकते है। सौदे की बारीकियों को दुरुस्त करने के लिए सेल्सपर्सन, खरीदार से निरंतर परिशोधन और बातचीत करके और उनके मन में विश्वास और भरोसा कायम कर सकते हैं। शतरंज में रानी भी खरीदार की तरह होती है। रानी शतरंज के चौकोर खानो के बीच कॉलम में, रो में या यहां तक कि तिरछे रूप से चल सकती है, लेकिन अन्य मोहरो पर से छलांग नहीं लगा सकती।

इसी तरह, खरीदार प्रोडक्ट, सर्विस या सॉल्यूशन के अनुमोदन प्राप्त करने के लिए दुसरे स्टेकहोल्डर्स को सहमत होने के लिए प्रभावित कर सकता है, लेकिन वह अन्य स्टेकहोल्डर्स का निर्णय/ सिफारिशें अस्वीकृत/ रद्द नहीं कर सकता है।

कभी-कभी, खरीदार भी कोच बन जाता है और सेल्सपर्सन को विभिन्न स्टेकहोल्डर्स के सामने विजयी कदम उठाने के लिए मार्गदर्शन करता है। यह एक मास्टरस्ट्रोक बन जाता है, क्योंकि अब सेल्सपर्सन के पास एक खरीदार है जो मेगाडील को जीतने में मदद कर के आपके कोच के रूप में कार्य कर सकता है।

प्रभावशाली व्यक्ति: मैपिंग में अगला स्थान प्रभावशाली लोगों का आता है। किसी भी कंपनी में कई प्रभावशाली लोग हो सकते हैं जो सेल्स डील सम्बंधित निर्णय लेने की दिशा बदल सकते हैं। वे आम तौर पर कार्य प्रमुख हो सकते हैं, जैसे वित्त नियंत्रक, खरीद प्रमुख या कानूनी प्रमुख आदि। सेल्सपर्सन को डील क्लोज़ करने में इनमें से प्रत्येक स्टेकहोल्डर्स के प्रभुत्व को समझने की आवश्यकता है। सेल्सपर्सन को कस्टमर की ज़रूरतों की स्पष्ट समझ होनी चाहिए और सौदे के समग्र उद्देश्य जैसे कि नवीन मूल्य निर्धारण मॉडल, लचीली भुगतान शर्तें और पार्टनरशिप मॉडल के लिए एकमुश्त खरीद के साथ संरेखित करते हुए इसे संबोधित करने में सक्षम होना चाहिए।

उदाहरण के लिए, कोई भी सेल्स कांट्रैक्ट, चाहे बड़ा हो या छोटा, लीगल टीम की सलाह और निर्देश के बिना पूरा नहीं हो सकता है। लीगल टीम द्वारा विवरण पर नजर रखने से यह सुनिश्चित होता है कि सेल्सपर्सन और खरीदार दोनों भविष्य में किसी भी कानूनी परेशानी से सुरक्षित हैं। हालाँकि कानूनी विवादों से निपटना निराशाजनक हो सकता है, इसलिए उनकी भूमिका को अनदेखा नहीं किया जा सकता है। जिन कांट्रैक्ट को कानूनी रूप से परखा नहीं जाता है, वह परिणामस्वरूप आगे आपको लाखों डॉलर का नुकसान पंहुचा सकते है। इसलिए सेल्सपर्सन को तकनीकी और प्रक्रियात्मक

दोनों मुद्दों पर ध्यान देने की जरूरत है। उन्हें व्यवसाय के कानूनी पहलुओं की बुनियादी समझ होनी चाहिए और मास्टर समझौतों या वाणिज्यिक समझौतों जैसे आदि का मसौदा तैयार करने के लिए कानूनी टीम के साथ काम कर के यह सुनिश्चित करना चाहिए कि वे पुख्ता तौर पर आपके अधिकारों को सुरक्षा प्रदान करें। शतरंज में, नाइट ही एकमात्र मोहरा है जो शतरंज के अन्य मोहरों को पछाड़ सकता है और खिलाड़ियों की अगली चाल को प्रभावित कर सकता है। इसी तरह, एक मेगाडील में, यह कहने की जरूरत नहीं है कि प्रभावशाली लोग निर्णय लेने की प्रक्रिया में महत्वपूर्ण भूमिका निभाते हैं।

कंसल्टेंट (सलाहकार): कम्पनी के स्टेकहोल्डर्स की सूची में अगला नंबर आता है सलाहकारों का। वे तकनीकी चैंपियन हैं जो आम तौर पर प्रस्ताव का उसकी तकनीकी क्षमताओं के आधार पर मूल्यांकन करते हैं। काम के दायरे को स्पष्ट रूप से समझने के लिए सेल्सपर्सन को लगातार उनके साथ जुड़े रहने की जरूरत है ताकि तकनीकी मुद्दों को सुलझाया जा सके और तदनुसार प्रस्ताव बनाने की अनुमति दी जा सके। कंसल्टेंट आपसे पी.ओ.सी (Proof Of Concept)[33] - अवधारणा का प्रमाण आयोजित करने के लिए कह सकते हैं। इसलिए, सलाहकारों द्वारा बताए गए मापदंडों को ध्यान में रखते हुए, प्रस्ताव को सफलतापूर्वक वितरित करने के लिए काम के दायरे को स्पष्ट रूप से परिभाषित करने और समझने के लिए सलाहकारों के साथ मिलकर काम करने की आवश्यकता होती है। निर्भरताओं की सूची स्पष्ट करना समझदारी है ताकि पी.ओ.सी के विरुद्ध डिलीवरी स्पष्ट हो और प्रत्येक कदम सेल्सपर्सन को मेगाडील के करीब ले आए।

शतरंज में, बिशप कितने भी स्क्वेर में तिरछी चाल चल सकता है, लेकिन अन्य मुहरों पर छलांग नहीं लगा सकता। इसी तरह,

---

33 पी.ओ.सी (Proof Of Concept) अवधारणा का प्रमाण दर्शाता है कि एक डिज़ाइन अवधारणा या समाधान प्रस्ताव ग्राहक की आवश्यकताओं के अनुसार संभव है

कंसल्टेंट तकनीकी ज्ञान और मूल्यांकन प्रदान कर सकते हैं लेकिन अंतिम निर्णय लेना अन्य स्टेकहोल्डर्स पर निर्भर करता है।

कभी-कभी, कंसल्टेंट बाहर की भी किसी कंपनी (परामर्श कंपनी, सरकारी कंपनी या प्रतिष्ठित तकनीकी संस्थान) का हो सकता है और उनकी विशेषज्ञता, कांट्रैक्ट को आगे बढ़ाने पर बड़ा प्रभाव डाल सकती है। इसलिए, सेल्सपर्सन को हमेशा इन सलाहकारों के साथ मिलकर काम करना चाहिए।

पार्टनर्स (साझेदार): मैपिंग प्रक्रिया में पार्टनर्स को भी ध्यान में रखना होगा। कुछ परिस्थितियो में सेल्सपर्सन द्वारा प्रस्तावित प्रोडक्ट, सर्विस या सॉल्यूशन कस्टमर की समस्या का एक छोटे से हिस्से को हल कर सकती है, इसलिए पार्टनर्स को शामिल किए बिना यह अपने अधिकतम लाभ तक नहीं पहुंच सकता है। पार्टनर आपके ओईएम (OEM)[34], सिस्टम इंटीग्रेटर्स इत्यादि हो सकते है जिनके साथ आप मिलकर सोल्यूशंस देने के लिए सहयोग करते हैं। पार्टनर्स के साथ काम करना आवश्यक हो जाता है ताकि प्रस्तावित सॉल्यूशन कस्टमर की समस्याओं का निवारण कर सके। इसका मतलब मार्केटिंग स्पीड, कम लागत, या कस्टमर के लिए समग्र लाभ बढ़ाने के लिए अन्य प्रोडक्ट, सर्विस या सॉल्यूशन के साथ एकीकरण के संदर्भ में दक्षता में सुधार करने के लिए पार्टनर्स के साथ काम करना हो सकता है। इस प्रकार, प्रोडक्ट, सर्विस या सॉल्यूशन की समग्र सफलता प्राप्त करने के लिए सेल्सपर्सन को भागीदारों के साथ अपने संबंधों का लाभ उठाना चाहिए। रूक-हाथी मोहरे रणनीति में ऐसे ही पार्टनर की तरह हैं।

सी-लेवल एग्जीक्यूटिव: कंपनी का सीईओ/सीओओ (CEO/COO) अंतिम निर्णय लेने वाला होता है, और उन्हें आश्वस्त होना चाहिए कि आपके प्रोडक्ट, सर्विस या सॉल्यूशन में निवेश करने से उनकी कंपनी को ठोस लाभ प्राप्त होंगे और उनके समग्र विकास उद्देश्यों

---

34 OEM - ओईएम - आरिजिनल ईक्विपमेंट मैनुफेक्चुरिंग

से जुड़े है। इसलिए, सी-लेवल एक्जीक्यूटिव, अन्य स्टेकहोल्डर्स के साथ समय बिताते हुए, आपकी स्क्रिप्ट/पावर स्टोरी प्राप्त कर लेते हैं जो उनको आश्वस्त करने के लिए पर्याप्त है। अन्य स्टेकहोल्डर्स नियमित अंतराल पर नेतृत्व को अपनी प्रतिक्रिया प्रदान करते रहते है। इसलिए सेल्सपर्सन को, विभिन्न टीमों के साथ निरंतर जुड़ाव महत्वपूर्ण है ताकि वे सी-लेवल एग्जीक्यूटिव को आपकी कंपनी के बारे में सकारात्मक प्रतिक्रिया प्रदान कर सकें। अपने, और कस्टमर की नेतृत्व टीमों के साथ सी-लेवल मीटिंग्स शेड्यूल करने की भी योजना बनाएं, जिससे कस्टमर को आश्वासन मिले कि चुनौतीपूर्ण समय में, जटिल समस्या को हल करने के लिए वह अपने समकक्षों से सीधे बातचीत करके प्राथमिकता देने का अनुरोध कर सकते है। सी लेवल के एग्जीक्यूटिव शतरंज के राजा की तरह हैं, क्योंकि खरीद आदेश पर उनके हस्ताक्षर अंततः सेल्सपर्सन को एक मैगडील जीतने में मदद करेंगे।

हालाँकि कोई भी रणनीति योजना, प्रतिद्वंद्वी की योजना को ध्यान में रखे बिना पूरी नहीं होती है। इसी प्रकार कोई भी सेल्सपर्सन, प्रतिस्पर्धियों की भूमिका को नजरअंदाज नहीं कर सकता हैं। जो सेल्सपर्सन अपने प्रतिस्पर्धियों की रणनीतियों और गेम प्लान का आकलन करने में सक्षम हैं, वही उनकी योजनाओं को विफल करते हुए न केवल कांट्रैक्ट हासिल करने की बेहतर स्थिति में हैं, बल्कि बाजार में अपनी स्थिति और मजबूत कर सकते है।

संक्षेप में, एक मेगाडील हासिल करने की रणनीतिक योजना में, इन सभी स्टेकहोल्डर्स को सेल्सपर्सन द्वारा मैप किया जाना चाहिए। एक सक्षम सेल्सपर्सन को अपने प्रतिस्पर्धियों को समझने, कोच की भूमिका को महत्व देने और कंपनी में स्टेकहोल्डर्स को मैप करने की आवश्यकता होती है ताकि रणनीतिक कदमों की योजना बनाई जा सके जो कंपनी के उद्देश्यों के साथ संरेखित हों और उन्हें बहु-मिलियन-डॉलर की डील क्लोज़ करने में जीत दिलाए।

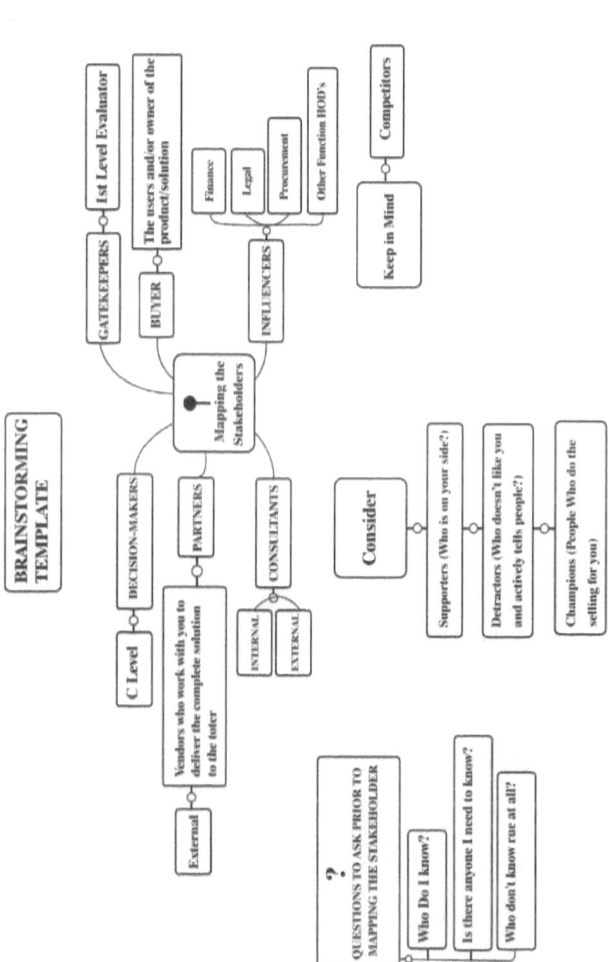

चित्र 25: "स्टेकहोल्डर्स का मैपिंग"

एक ऐसा सेल्सपर्सन बनें जो मेगा डील क्लोज़ करता है!

सेल्स मसल्स बिल्ड करने का समय

एक कलम और कागज लें या माइंडमिस्टर जैसे माइंड मैपिंग ऐप का उपयोग करें या एक एक्सेल शीट खोलें। अपने प्रमुख एकाउंट्स में से एक चुनें और स्टेकहोल्डर्स की मैपिंग शुरू करें।

* गेटकीपर कौन हैं?

* खरीदार कौन हैं?

* प्रभावशाली व्यक्ति कौन हैं?

* कंसल्टेंट कौन हैं?

* पार्टनर्स कौन हैं?

* निर्णय लेने वाले कौन हैं?

* मैं किसे अच्छी तरह जानता हूँ?

* क्या कोई है जिसे मुझे बेहतर तरीके से जानने की ज़रूरत है?

* कोई ऐसा है जिनको मैं बिल्कुल नहीं जानता (नामों के बजाय, विभाग के नामों के कार्य शीर्षक लिखें)?

फिर विचार करें कि क्या वे ये हैं:

* समर्थक- आपके पक्ष में कौन है?

* निंदक- कौन आपको पसंद नहीं करता और सक्रिय रूप से दूसरों को बताता भी है?

* चैंपियन- कौन आपके साथ को बेहद पसंद करता है और आपके न होने पर भी आपकी प्रशंसा करता है? वे लोग जो आपकी अनुपस्थिति में भी आपकी बारे में सकारात्मक बयान देते है।

प्रकरण 10

सेल्स नेगोशिएशन

चित्र 26: नेगोशिएशन पूरी तरह से दोनो पक्षों के लाभ की रणनीति है

नेगोशिएशन करना सेल्स प्रक्रिया का एक महत्वपूर्ण हिस्सा है, और प्रत्येक सेल्सपर्सन को अपनी सेल्स मसल्स बनाने के लिए इस कौशल का अभ्यास करना पड़ता है। जितना अधिक एक सेल्सपर्सन नेगोशिएशन की कला के बारे में सीखता है और इसका अभ्यास करता है, उतना ही अधिक वह विभिन्न जटिल स्थितियों को संबोधित करते हुए अंतिम लक्ष्य को पाने में आश्वास्त रहेगा, जो सर्वोत्तम संभव परिणाम देते हुए दोनों पक्षो के लिए अधिकतम लाभकारी रहेगा।

सेल्स लाइफ साइकल में नेगोशिएशन एक मूलभूत हिस्सा है। यह सेल्स प्रक्रिया[35] के प्रत्येक स्टेप में निरपवाद रूप से होता है। सेल्स साइकल के स्टेप 1 और 2 में, सेल्सपर्सन आंतरिक स्टेकहोल्डर्स के साथ नेगोशिएशन में शामिल होता है, और स्टेप 3 से 5 तक,

---

35 सेल्स प्रक्रिया को प्रकरण 7 में विस्तार से वर्णित किया गया है। चित्र 20 देखें।

सेल्सपर्सन भावी कस्टमर के साथ नेगोशिएशन में शामिल होता है। चित्र 27 नेगोशिएशन के विभिन्न कारणों को दर्शाता है जो सेल्स साइकल के विभिन्न चरणों में हो सकते हैं।

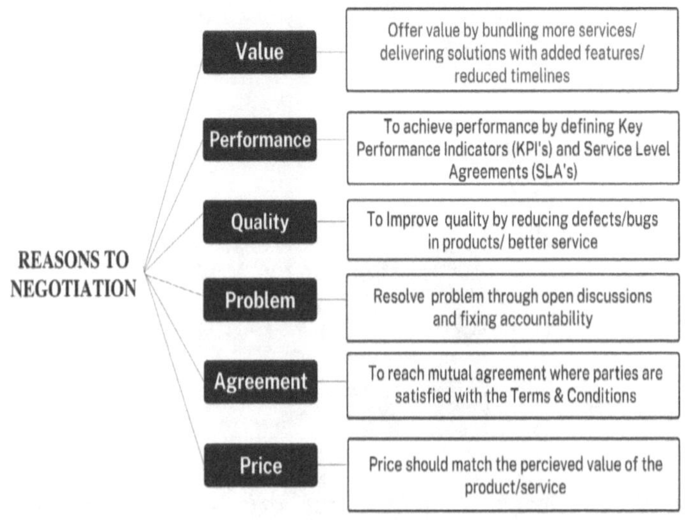

चित्र 27: नेगोशिएशन के कारण

अगले भाग में, आइए वास्तविक परिदृश्यों के साथ उस प्रक्रिया पर चर्चा करें जिसमें सेल्सपर्सन को भावी कस्टमर के साथ नेगोशिएशन करना पड़ता है।

नेगोशिएशन प्रक्रिया

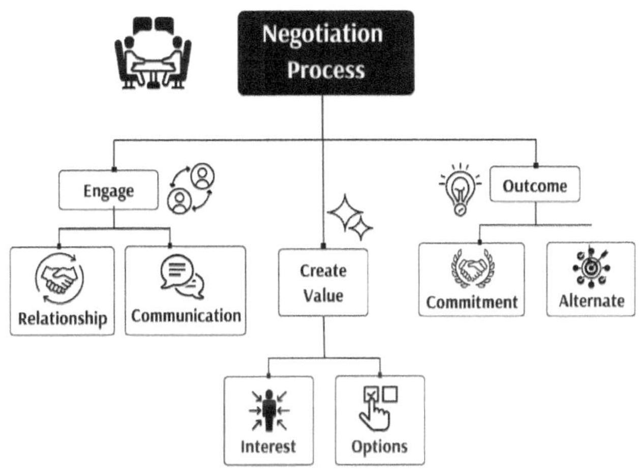

चित्र 28 नेगोशिएशन प्रक्रिया

एक सेल्सपर्सन को भावी कस्टमर के साथ नेगोशिएशन करते समय तीन प्रमुख कारकों पर विचार करना होता है - इंगेजमेंट (जुड़ना), क्रिएट वैल्यू (मूल्य निर्माण) और आउटकम (परिणाम)।

इंगेजमेंट (जुड़ना)

नेगोशिएशन प्रक्रिया में सेल्सपर्सन को किसी अन्य पार्टी (आंतरिक या बाहरी स्टेक होल्डर या भावी कस्टमर) के साथ जुड़ना पड़ता है। एक सार्थक जुड़ाव बनाने के लिए, एक सेल्सपर्सन को अपनी इच्छा और कौशल से बना विज़िबल R, और अपनी भावनात्मक बुद्धिमत्ता और विश्वास से बना इनविज़िबल R दिखाना होगा, ताकि भावी कस्टमर के सुरक्षा कवच को भेदा जा सके। नेगोशिएशन की प्रक्रिया में, एक लाभकारी चर्चा के लिए दोनों पक्षों के बीच अर्थपूर्ण रिश्तों और दोतरफा सक्रिय कम्युनिकेशन का आधार आवश्यक है।

• रिलेशनशिप (सार्थक संबंध बनाना): -

एक सेल्सपर्सन को भावी कस्टमर की "भावनात्मक प्रेरणाओं"[36] को समझने के लिए दोनों "समय और प्रयास" पर निवेश करने की आवश्यकता होती है। आपको भावी कस्टमर से प्रभावी प्रश्न पूछने पड़ेंगे जिससे कि आप एक सक्षम सेल्सपर्सन की छवि बना सके और उनका विश्वास प्राप्त कर सके।

प्रभावी प्रश्न मजबूत कामकाजी सम्बन्ध बनाने में असरकारक साबित होते है, जिससे आप सूचना का आदान-प्रदान करके नेगोशिएशन के दौरान अधिकतम लाभ उठा सकते हैं।

एक सेल्सपर्सन को नेगोशिएशन प्रक्रिया में हमेशा सेल्स की सफलता की मानसिकता रखनी चाहिए। मुझे पता है कि हममें से कई लोग सोच सकते हैं कि सफलता की मानसिकता रखने का क्या मतलब है अगर दूसरी तरफ से शायद ही कोई पारस्परिकता हो और एक ठोस दीवार की तरह एक रूखी प्रतिक्रिया ही मिले? मैं आपकी भावनाओं को महसूस कर सकता हूं क्योंकि सेल्स प्रक्रिया में मैंने कई बार इस स्थिति का सामना किया है। हालाँकि, मैं फिर भी सलाह दूँगा कि जब आप नेगोशिएशन के लिए बैठें तो अपनी सेल्स की सफलता की मानसिकता लेकर आएँ क्योंकि तब कम से कम एक पक्ष चर्चा में सकारात्मक, उत्पादक और खुले विचारों वाला होने के लिए अपनी भूमिका निभा रहा है।

• कम्युनिकेशन (संचार प्रक्रिया)

नेगोशिएशन प्रक्रिया में कम्युनिकेशन महत्वपूर्ण है क्योंकि सेल्सपर्सन कम्युनिकेशन के माध्यम से ही भावी कस्टमर के साथ जुड़ता है। लेकिन वह कम्युनिकेशन कैसे किया जाना चाहिए?

---

36 भावनात्मक प्रेरक-भावनाएँ जो कस्टमर के व्यवहार को प्रेरित करती हैं (मैगिइस, ज़ोफ़ास और लेमन, 2015)।

अपेक्षा यह होती है कि कम्युनिकेशन हमेशा स्पष्ट और संक्षिप्त होना चाहिए, पर आमतौर ऐसा नहीं होता है। वास्तव में स्पष्ट कम्युनिकेशन के रास्ते में जो चीज़ आती है वह है पूर्वाग्रह, पूर्वधारणाएँ और मान्यताएं और कम्युनिकेटर्स के बीच का शक्ति संघर्ष।

i) पूर्वाग्रह, पूर्वधारणाएँ और मान्यताएं

प्रभावी ढंग से कम्युनिकेशन करने और सार्थक नेगोशिएशन में शामिल होने का एक बुनियादी सिद्धांत हमारे व्यक्तिगत पूर्वाग्रहों, धारणाओं और मान्यताओं से अवगत होना है। यह सिद्धांत नेगोशिएशन की प्रक्रिया में भी लागू होता है क्योंकि यदि सेल्सपर्सन यह पूर्वधारणा बनाकर नेगोशिएशन में जाता है कि भावी कस्टमर को पहले से ही उत्पाद के बारे में पता है, या वह पहले से ही सेल्सपर्सन को जानता है, या वह कंपनी की विश्वसनीयता अच्छी तरह से जानता है, तो सेल्सपर्सन कस्टमर को महत्त्वपूर्ण सूचना साझा करने से चूक सकता है। धारणाएं इस भ्रांति को जन्म दे सकती हैं कि दूसरा व्यक्ति पहले से ही जानता है या समझ चुका है कि क्या आवश्यक है या क्या सुझाव दिया गया है।

इसी तरह, सेल्सपर्सन के पूर्वाग्रह, मान्यताएं और सांस्कृतिक पालन-पोषण दूसरे पक्ष के दृष्टिकोण के बारे में उनकी समझ को धुंधला कर सकती हैं, जिसका उन्होंने पहले कभी सामना नहीं किया होगा। ऐसे परिदृश्यों में, एक व्यक्ति विभिन्न संभावनाओं के प्रति खुले विचारों वाला नहीं होता है और वह लाभकारी वार्ता करने में चुक जाता है।

पूर्वाग्रह पूर्वधारणा और मान्यताओं के इस जाल में फंसने से बचने के लिए दूसरे पक्ष से उनके विचारों के बारे में पूछना चाहिए और दोनो पक्षों में किन बिंदुओं पर सहमति बनाई जा सकती है, और अकिन पर और चर्चा की आवश्यकता है इस पर आंकलन करना चाहिए। इसके बाद सभी बिंदुओं को सूचीबद्ध करते हुए एक ईमेल या टेक्स्ट मैसेज भेजा जाना चाहिए ताकि अगर कोई बिंदु छूट गया

है तो उसको शुरुआती चरण में ही ठीक कर लिया जाए और कोई धारणा न बनाई जाए।

ii) कम्यूनिकेटर्स के बीच शक्ति का संघर्ष होता है

एक और दिक्कत जो अक्सर नेगोशिएशन में आती है वह यह है कि कम्यूनिकेशन का उपयोग एक पक्ष, दूसरे पक्ष को नियंत्रित करने के लिए करता है जिससे दोनो तरफ से समान कम्यूनिकेशन का लक्ष्य उपेक्षित हो जाता है। इस परिदृश्य में कम्यूनिकेशन के नियंत्रण का संघर्ष, शक्ति प्रदर्शित करने का संघर्ष बन जाता है। इस शक्ति संघर्ष से निपटने के लिए आपको एक जवाबदेह कम्यूनिकेशन प्रक्रिया को परिभाषित करना आवश्यक है जो मूल्य-अधिकतम परिणाम की ओर प्रेरित हो। यह दोनों पक्षों के मन में संदेह को दूर करता है और साथ ही उन्हें नियंत्रण की साझा भावना के साथ मिलकर काम करने के लिए प्रोत्साहित करता है।

उदाहरण के लिए, बैठक के दौरान भावी कस्टमर कहता है, "आपने जो प्रस्ताव प्रस्तुत किया है, वे उससे सहमत नहीं होंगे।

"यह बहुत अस्पष्ट है क्योंकि यह स्पष्ट नहीं है कि "वे" कौन हैं। सेल्सपर्सन का अगला निम्नलिखित प्रश्न होना चाहिए,

"ठीक है, इसे बेहतर ढंग से समझने के लिए, क्या आप पुष्टि कर सकते हैं कि "वे" कौन हैं? और आप उनके नाम और पद भी बता सकते हैं?"

वास्तव में उन्हें प्रस्ताव में क्या पसंद नहीं आया? क्या आप पुष्टि कर सकते हैं कि प्रस्ताव के किस भाग पर उन्हें आपत्ति है?" उनकी सहमति पाने के लिए क्या किया जाना चाहिए?"

उन्हें पूछना चाहिए कि "वे" कौन हैं और साथ ही प्रभावी जांच वाले प्रश्न पूछें ताकि दोनों पक्षों को अगले कदम के बारे में स्पष्टता हो। सेल्सपर्सन को प्रभावी तौर पर सुनने वाला होना चाहिए, जिससे की आप उनके जवाबों से ही अपने अगले प्रश्न गठित करें।।

इस परिदृश्य से आप समझ सकते हैं कि, भावी कस्टमर से सकारात्मक प्रतिक्रिया पाने के लिए, सेल्सपर्सन को अपने रिश्ते और कम्युनिकेशन, दोनों को प्रभावी ढंग से उपयोगिता में लाने की आवश्यकता है। यदि भावी कस्टमर, विश्वास और विश्वसनीयता पर आधारित स्पष्ट कम्युनिकेशन नहीं करता है, तो सेल्सपर्सन के लिए अपने महत्व को बताना कठिन हो जाता है।

क्रिएट वैल्यू (मूल्य सृजन)

एक नेगोशिएशन करने वाले के रूप में, मूल्य सृजन की दिशा में नेगोशिएशन को आगे बढ़ाने की हमारी क्षमता ही हमारी सबसे बड़ी जीत है। कई बार, जीरो सम (शून्य-योग) परिस्थितियों से बाहर आना कठिन होता है, लेकिन यदि हम नेगोशिएशन को मूल्य सृजन की दिशा में ले जाने में सक्षम हैं, तो हम नेट पॉजिटिव सम (शुद्ध सकारात्मक-योग) वाली परिस्थिति बना सकते हैं। यह आसान नहीं है, लेकिन जागरूकता और निरंतर अभ्यास के साथ सेल्सपर्सन दोनों पक्षों के लिए लाभप्रद स्थिति प्रदान कर सकते हैं।

• इंटरेस्ट (रूचियाँ)

एक अनुभवहीन सेल्सपर्सन भावी कस्टमर के अंतर्निहित हितों को समझे बिना समाधान की पेशकश करके सेल्स चर्चा में प्रवेश कर सकता है। ऐसी सेल्स वार्ता, प्रक्रिया को नकारात्मक रूप से प्रभावित कर सकती है, क्योंकि भावी कस्टमर शायद बचाव की मुद्रा में आ जाए और चर्चा में शामिल होने से इनकार कर दे। इसलिए, सेल्स प्रक्रिया का प्रारंभिक मुद्दा भावी कस्टमर की रुचियों या "भावनात्मक प्रेरकों" को समझना है। ऐसी स्थिति में, जब भावी कस्टमर किसी मुद्दे या एजेंडा पर कड़ा रुख अपनाता है, तो ये स्थिति नेगोशिएशन की प्रक्रिया में शामिल होने के लिए बेहतर स्थिति है। इस बिंदु पर सेल्सपर्सन को तुरंत उस रुख से सहमत होने के बजाय यह समझना होगा कि भावी कस्टमर का वह विशेष रुख क्यों है। दूसरे शब्दों में, इसका मतलब है कि सेल्सपर्सन को उस रुख के पीछे कस्टमर

की क्या अंतर्निहित रुचि है, उसको जानना महत्वपूर्ण होगा। यदि सेल्सपर्सन ऐसा मूल्य बनाना चाहता है जिसमें दोनों पक्षों के लिए शुद्ध सकारात्मक योग हो, तो उन्हें सेल्स निर्णय को प्रभावित करने वाले अन्य स्टेकहोल्डर्स के हितों को भी संतुष्ट करना होगा। उन हितों को ढूंढना हमेशा आसान नहीं होता है, लेकिन एक सक्षम सेल्सपर्सन नेगोशिएशन प्रक्रिया के दौरान सर्वोत्तम विकल्पों का प्रस्ताव देने के लिए अंतर्निहित हितों को समझने पर लगातार काम करता रहता है।

उदाहरण के लिए, मेरी एक सेल्स डील में, नेगोशिएशन प्रक्रिया के दौरान सहमत डिलिवरेबल्स के आधार पर हस्ताक्षर करने के लिए दोनों पक्ष तैयार थे। लेकिन ऐसा होने से ठीक पहले, हमें एक मीटिंग के लिए बुलाया गया जहां सभी संभावित प्रमुख स्टेक होल्डर मौजूद थे और निम्नलिखित चर्चा हुई।

भावी कस्टमर: हम कुल कीमतों पर अतिरिक्त 20% की छूट चाहते हैं (रुख)

सेल्सपर्सन: क्यों? हमने तो पहले ही व्यावसायिक शर्तों पर चर्चा करके सहमति बना ली है?

भावी कस्टमर: नहीं, हमें छूट की आवश्यकता है; अन्यथा, हम आपको ऑर्डर नहीं देंगे।

सेल्सपर्सन: ठीक है, मैं आपको 20% छूट नहीं दे सकता क्योंकि हमने आपकी पिछली चर्चाओं के आधार पर पहले ही अपने उच्चतम अधिकारियों से मंजूरी ले ली है। मैं समझता हूं कि आप अपनी कंपनी के लिए पैसा बचाना (अंतर्निहित रुचि) चाहते हैं। क्या आप कुछ और जानकारी प्रदान कर सकते हैं ताकि मैं आपकी मदद कर सकूं?

भावी कस्टमर: हमें इसकी आवश्यकता है क्योंकि कुछ अप्रत्याशित कारणों से हमारा बजट कम हो गया है (रुख, लेकिन स्पष्ट नहीं)।

बैठक में कई स्टेकहोल्डर्स उपस्थित थे इसलिए रुख का मुख्य कारण साझा करने को कोई तैयार नहीं था। हालाँकि, उपयोगकर्ता

समूह के साथ अच्छे संबंध होने से मुझे कस्टमर के अंतर्निहित हित तक पहुँचने में मदद मिली।

उपयोगकर्ता समूह प्रमुख के साथ एक अलग बैठक में: -

सेल्सपर्सन: यह हमारे लिए आश्चर्य की बात है, लेकिन हम आपका समर्थन करने के लिए प्रतिबद्ध हैं, इसलिए कृपया मुझे कारण बताएं ताकि आप जो चाहते हैं उसे मंजूरी देने के लिए हम अपने अधिकारियों को समझाने की बेहतर स्थिति में हो।

भावी कस्टमर: हमारा दूसरे सॉफ्टवेयर प्रोडक्ट का रिन्यूअल किसी अन्य वेंडर से देय है जो आशा के अनुरूप पूरा नहीं हुआ। उन्होंने अंतिम क्षण में नवीनीकरण मूल्य $100K बढ़ा दिया जो कि स्वीकृत बजट से अधिक है। तनातनी और कई बैठकों के बाद भी इसका समाधान नहीं निकल पाया है। हमें वह रिन्यूअल करना होगा, क्योंकि उनका प्रोडक्ट हमारी सेवाओं का एक प्रमुख हिस्सा है। इस कारण दुर्भाग्यवश, हमारे पास इस वित्तीय वर्ष की शेष अवधि के लिए पर्याप्त बजट नहीं है।

यहां, हमारे मजबूत संबंधों और स्पष्ट कम्युनिकेशन का उपयोग करके भावी कस्टमर की अंतर्निहित रुचि स्पष्ट हो गई। उपरोक्त नेगोशिएशन में शामिल होकर, मैं भावी कस्टमर्स की रुचियों को उनके रुख से अलग करने में सक्षम था।

• **ऑप्शंस (विकल्प)**

एक बार जब सेल्सपर्सन भावी कस्टमर के रुख को समझ जाता है, तो वे विभिन्न प्रकार के विकल्पों को बेहतर तरीके से सोच सकता है। भावी कस्टमर से उन विकल्पों पर चर्चा करके उनके रुख को संबोधित किया जा सकता है और सर्वोत्तम समाधान चुना जा सकता है। यह दोनों पक्षों के लिए मूल्य और शुद्ध सकारात्मक स्थिति पैदा कर सकता है। मूल्य बनाने के लिए कुछ विकल्प जिन पर एक सेल्सपर्सन विचार कर सकता है वे हैं:

- काम का दायरा बढ़ाएं (अप-सेल)
- कुछ दूसरी सेवाएं या उत्पाद जोड़ें जिनसे भावी कस्टमर्स को लाभ हो (क्रॉस-सेल)
- दोनों पक्षों के अनुरूप नियम और शर्तों को संशोधित करें

स्थिति और अवसर के आधार पर, भावी कस्टमर को कॉम्बो पैकेज में या सिंगल सोल्यूशंस के रूप में विकल्प दिए जा सकते हैं।

आइए इस स्थिति को और समझने के लिए उसी उदाहरण को जारी रखें।

सेल्सपर्सन: अपना दृष्टिकोण प्रदान करने और स्थिति समझाने के लिए धन्यवाद। अब, मैं समाधान खोजने के लिए आपके मामले को अधिक दृढ़ विश्वास के साथ आंतरिक रूप से प्रस्तुत कर सकूंगा।

भावी कस्टमर: धन्यवाद. हम आपकी प्रतिक्रिया का इंतजार करेंगे.

सेल्सपर्सन: आंतरिक रूप से खोजबीन करने से पहले, क्या मैं कुछ बातें स्पष्ट कर सकता हूँ?

भावी कस्टमर: ज़रूर, मुझे उत्तर देने में ख़ुशी होगी।

सेल्सपर्सन: समान मात्रा पर अतिरिक्त छूट स्वीकृत कराना कठिन होगा, लेकिन कुछ विकल्प हैं जिन पर मैं आपकी राय जानना चाहूंगा।

1. क्या आप ऑर्डर की मात्रा को 20% बढ़ाने पर सहमत होंगे क्योंकि आपके उपयोगकर्ताओं की लगातार वृद्धि हो रही है?

2. यदि ऐसा संभव है, तो मैं अपने नेतृत्व से आंशिक विलंबित भुगतानों की मंजूरी देने का निवेदन कर सकता हूं जिससे आप अपने बजट के अनुरूप आंशिक भुगतान इस वर्ष और शेष भुगतान अगले वित्त वर्ष में कर सकते है।

भावी कस्टमर: नहीं, यह संभव नहीं हो सकता है, लेकिन हम केवल अतिरिक्त 10% वृद्धि मात्रा के लिए प्रतिबद्ध हो सकते हैं।

सेल्सपर्सन: क्या आप एक समर्पित सपोर्ट इंजीनियर का अनुबंध करेंगे? आपकी टीम ने वास्तव में उनके कार्य की महत्त्वत्ता को इस महत्वपूर्ण मिशन के वातावरण के लिए स्वीकार किया है। हमारा प्रस्तावित स्टैंडर्ड सपोर्ट, चार घंटे की प्रतिक्रिया समय प्रदान करता है। पहले भी नेगोशिएशन के दौरान, मैंने इस प्रस्ताव को रखा था लेकिन बजट की कमी के कारण आप सिर्फ स्टैंडर्ड सपोर्ट के साथ आगे बढ़ना चाहते थे। चूंकि यह आपका मिशन-महत्वपूर्ण वातावरण है और चार घंटे की प्रतिक्रिया आपके उत्पादन को प्रभावित कर सकती है और डाउनटाइम को अनावश्यक रूप से बढ़ा सकती है। इसलिए, एक समर्पित सपोर्ट इंजीनियर का होना, जो एक घंटे के भीतर सहायता प्रदान कर सके, ऑफर के हिस्से के रूप में आदर्श होगा। चूंकि भुगतान केवल अगले वित्तीय वर्ष में शुरू होता है, आप अगले वर्ष भुगतान के लिए बजट बना सकते हैं, लेकिन इसे खरीद आदेश के हिस्से के रूप में जारी कर सकते हैं।

भावी कस्टमर: ठीक है, मुझे यकीन नहीं है लेकिन हम इसकी समीक्षा करेंगे। इन विकल्पों को साझा करें और मैं उन्हें अनुमोदन के लिए समिति के समक्ष प्रस्तुत करूंगा।

सेल्सपर्सन: धन्यवाद कस्टमर महोदय, मैं अनुमोदन के लिए आंतरिक रूप से काम करूंगा और नए प्रस्ताव के साथ आपके पास वापस आऊंगा।

इस उदाहरण में, अंतर्निहित रुचि को संबोधित करने के लिए सेल्सपर्सन ने कस्टमर्स के साथ विभिन्न विकल्प को साझा किया है।

आउटकम (परिणाम)

उपरोक्त उदाहरण में, भावी कस्टमर के अंतर्निहित हित को संबोधित करने के लिए विभिन्न विकल्प सुझाए गए थे। इसके बाद, सेल्सपर्सन आवश्यक अनुमोदन प्राप्त करने के लिए आंतरिक रूप से काम करता है। आइए मान लें कि आप अपने भावी कस्टमर की ओर से एक

मजबूत मामला पेश करने और आंतरिक अनुमोदन प्राप्त करने में सक्षम थे। इसके आधार पर नया प्रस्ताव संभावना के साथ साझा किया जाता है।

अब आपको अवसर के समापन के लिए फिर से एक बैठक के लिए बुलाया गया है। आइए दो परिदृश्य बनाएं जो हमें दो संभावनाओं पर परिप्रेक्ष्य प्रदान करेंगे, एक जिसमें भावी कस्टमर प्रतिबद्ध है, और एक वैकल्पिक जिसमें वे प्रतिबद्ध नहीं हैं।

• कमिटमेंट (प्रतिबद्धता)

सेल्सपर्सन द्वारा साझा किए गए प्रस्ताव की समीक्षा भावी कस्टमर द्वारा की जाती है और अंततः, यदि वे सहमत हैं, तो सहमत नियमों और शर्तों पर सौदा पूर्ण करने की प्रतिबद्धता होती है। सैद्धांतिक तौर पर मंजूरी मिल गई है, हालांकि कांट्रैक्ट पर हस्ताक्षर होने में अभी भी कुछ समय लग सकता है। आइए उदाहरण जारी रखें।

भावी कस्टमर: प्रस्ताव साझा करने के लिए धन्यवाद और हमारी आवश्यकता को समझने और उसके अनुसार प्रस्ताव को पुनः प्रस्तुत करने के लिए धन्यवाद।

सेल्सपर्सन: यह हमारा सौभाग्य है, पुष्टि करने के लिए हम 20% की बढ़ी हुई मात्रा के साथ समापन कर रहे हैं और समर्पित सपोर्ट इंजीनियर (डी.एस.ई) जोड़ रहे हैं। प्रस्ताव में, हम क्रमबद्ध भुगतान शर्तों पर सहमत हुए हैं, जो आपके वर्तमान वित्तीय बजट की चिंताओं को दूर करने में मदद करता है।

भावी कस्टमर: हमने आपके द्वारा सुझाए गए सभी विकल्पों पर विचार किया है लेकिन आने वाले वर्ष में हमारी वृद्धि 10% से अधिक नहीं होगी। एक डी.एस.ई जोड़ना हमारे बजट में नहीं होगा क्योंकि आपकी डी.एस.ई कीमत बहुत अधिक है, इसकी बजाय हम अपने आईटी इन्फ्राइस्ट्रक्टर के मेनेजमेंट के लिए दो तकनीकी संसाधनों की भर्ती पर विचार कर रहे हैं।

सेल्सपर्सन: यह ठीक है। दुर्भाग्य से, उपयोगकर्ता आधार में 10% की वृद्धि पर, हम 20% छूट प्रदान करने में सक्षम नहीं होंगे। जैसे कि हम मानते हैं कि उपयोगकर्ता आधार हर साल 10% बढ़ जाता है, तो क्यों ना हम प्रॉडक्ट के लिए 3-वर्षीय कांट्रैक्ट पर हस्ताक्षर करें? इसके अतिरिक्त हम 3 महीने के लिए एक इंजीनियर उपलब्ध कराने पर विचार कर सकते हैं जो आपके कर्मचारियों को सही तरीके से प्रशिक्षित कर सके। यह लागत भी डीएसई की वार्षिक लागत का केवल एक चौथाई होगी।

भावी कस्टमर: सरसरी निगाह से देखने और समझने के उपरान्त यह एक अच्छा प्रस्ताव प्रतीत होता है। हम सहमत हैं और अब कांट्रैक्ट पर हस्ताक्षर करने के लिए खरीद टीम के साथ बाकी विवरणों पर काम कर सकते हैं।

● **अल्टरनेट (वैकल्पिक)**

अब ऐसे परिदृश्य पर विचार करें जहां भावी कस्टमर विभिन्न कारणों से, विभिन्न विकल्पों के बाद भी, इस प्रस्ताव से सहमत नहीं है। सबसे अच्छा विकल्प क्या है जिसके साथ आप नेगोशिएशन बैठक छोड़ सकते हैं? इसे BATNA (Best Alternative to a Negotiated Agreement) कहा जाता है, जो नेगोशिएशन के जरिए किए गए समझौते का सबसे अच्छा विकल्प है।

बटना - BATNA

* यदि भावी कस्टमर अभी भी अनिर्णायक है, तो बटना (नेगोशिएशन से किए गए एग्रीमंट का सबसे अच्छा विकल्प) कार्रवाई का सबसे लाभप्रद वैकल्पिक तरीका है जिसे एक सेल्सपर्सन तब अपनाता है जब नेगोशिएशन विफल हो जाता है और कोई एग्रीमंट नहीं हो पाता है। हालाँकि, बटना को केवल अंतिम उपाय के रूप में उपयोग करें और किसी भी कीमत पर बटना को सौदेबाजी के रूप में उपयोग करने के प्रलोभन में न पड़ें।

मान लीजिए कस्टमर को आपने सभी विकल्पों पर मूल्य सृजन सुझाव दिए पर तब भी वह आपके प्रस्तावों से सहमत नहीं है। ऐसी परिस्थिति में, अंत में आप भावी कस्टमर को अंतिम और सर्वश्रेष्ठ प्रस्ताव देकर विदा ले ले।

भावी कस्टमर: हमने आपकी बात सुनी, लेकिन दुर्भाग्य से, हम 10% की वृद्धि के साथ 1 वर्ष के लिए निर्धारित सौदा कर पाएंगे। इसके लिए हम 20% छूट की भी उम्मीद करते हैं, ताकि हम इस सौदा पर आपके पक्ष में समापन कर सकें।

ऐसी स्थिति में अधिकतम सेल्सपर्सनओं को सौदा हारने का डर सताने लगता है, लेकिन आपको आत्मविश्वास के साथ, अपना सर्वश्रेष्ठ और अंतिम प्रस्ताव देने के लिए तैयार रहना होगा।

सेल्सपर्सन: कस्टमर महोदय, हमें इस अवसर पर काम करने का मौका देने के लिए धन्यवाद। पिछले कुछ महीनों से आपसे और आपकी टीमों के साथ जुड़े रहना सौभाग्य की बात है, और हम वास्तव में आपको अपने प्रतिष्ठित कस्टमर के रूप में देखने के लिए उत्सुक हैं। इसलिए हमारा सबसे अच्छा और अंतिम प्रस्ताव जो हम प्रस्तुत कर रहे हैं वह इस प्रकार है:

- हमें 10% वृद्धि के साथ कम से कम 3 - वर्षीय डील की आवश्यकता होगी, ताकि हम आपको 20% की अग्रिम छूट दे सकें।

- यदि आप सहमत हैं, तो हम विलंबित भुगतान के लिए प्रतिबद्ध रहेंगे, आप चालू वित्त वर्ष में अपने बज़ट के अनुसार आंशिक भुगतान कर सकते हैं और शेष भुगतान वर्ष 2 और 3 में समान किस्तों में किया जा सकता है।

- हमारा मानना है कि यह हमारी सबसे अच्छी पेशकश है, क्योंकि यह सुनिश्चित करता है कि हम दोनों लंबे समय तक एक-दूसरे के प्रति प्रतिबद्ध रह सकते हैं और इससे हमें

आपको बेहतर और लंबी अवधि तक सेवा देने का मौका मिलेगा।

- यदि आपको भविष्य में किसी समर्पित सहायता की आवश्यकता होगी, तो हमें वह प्रदान करने में बहुत खुशी होगी।

इसके बाद, सेल्सपर्सन को धन्यवाद कहना चाहिए और बैठक छोड़ देनी चाहिए या बाहर इंतजार करना चाहिए, यदि भावी कस्टमर सेल्सपर्सन को बटना पर अपना अंतिम निर्णय बताने से पहले आंतरिक रूप से प्रस्ताव पर चर्चा करना चाहता है, तो उसे समय देना चाहिए।

हर नेगोशिएशन का लक्ष्य हमेशा डील को दोनों पक्षों की सहमति से समाप्ति करने पर होता है। सेल्सपर्सन को नेगोशिएशन के प्रत्येक मुद्दे पर विचार करना चाहिए और दोनों पक्षों के लिए लाभप्रद स्थिति का लक्ष्य रखना चाहिए। नेगोशिएशन की कला के लिए एक सेल्सपर्सन को लगातार सीखने और सक्रिय रूप से अभ्यास करने की ज़रूरत है जिससे वह अपनी सेल्स मसल्स को हमेशा मजबूत बनाता रहे ताकि सेल्स प्रक्रिया में चर्चा को समापन की ओर आत्मविश्वास से आगे बढ़ाया जा सके।

सेल्स मसल्स बिल्ड करने का समय

एक घटना लिखें जहां आप सफलतापूर्वक VALUE के आसपास नेगोशिएशन को पुनर्निर्देशित करने में सक्षम थे और उस घटना से आपके मुख्य सबक क्या हैं।

____

____

____

____

____

सेल्स लीडरशिप

सेल्स मेनेजमेंट मॉडल

चित्र 29: वांछित लक्ष्यों को प्राप्त करने के लिए सेल्स मेनेजमेंट मॉडल

प्रभावी सेल्स मेनेजमेंट, कम्पनियों की आय के लक्ष्यों को प्राप्त करने में मदद करता है, क्योंकि यह सेल्स आय का प्रत्यक्ष योगदानकर्ता और प्रदर्शन संकेतक है। सेल्स मेनेजमेंट प्रणाली में सेल्स लीडर की भूमिका महत्वपूर्ण है। सेल्स लीडर, सेल्स कल्चर को बनाने और विकसित करने, टीम को एकजुट रूप से प्रबंधित करने और एक सेल्स प्रक्रिया बनाने के लिए जिम्मेदार है, जो टीमों को बेहतर प्रदर्शन करने के लिए प्रोत्साहित करती है। सेल्स लीडर टीम को उनके सेल्स लक्ष्यों को प्राप्त करने में मदद करता है, जो कंपनी के समग्र लक्ष्यों और उद्देश्यों से जुड़ा होता है।

अनुमानित परिणाम प्राप्त करने के लिए, प्रत्येक कंपनी को एक सेल्स मेनेजमेंट मॉडल की आवश्यकता होती है, जिसका पालन करने से सेल्स टीम द्वारा, वृद्धि को हासिल और बढ़ाया जा सकता है। एक प्रभावी सेल्स मेनेजमेंट मॉडल में निम्नलिखित शामिल हैं:

1. सेल्स कल्चर

2. सेल्स टीम मेनेजमेंट

3. अमल मे लाने की प्रक्रिया

सेल्स मेनेजमेंट मॉडल

1. सेल्स कल्चर

यदि कंपनी के मूल सिद्धांतों में सही सेल्स कल्चर नहीं है तो वह सफल कंपनी नहीं बन पायेगी। इसलिए एक सही कल्चर होना आवश्यक है, जिसमे उचित प्रशिक्षण, नियमित कोचिंग, पुरस्कार और मान्यता, मूल्यांकन और प्रतिक्रिया तंत्र के साथ-साथ सहानुभूति, सच्चाई, सहयोग और समस्या-समाधान पर फोकस किया जाता है। इस तरह, सेल्स टीम खुद को कंपनी के ढांचे में बिखरे हुए होने के बजाय एक संयुक्त इकाई के हिस्से के रूप में देखती है, जो उन्हें नवीन विचारों के साथ यथास्थिति को चुनौती देने का आत्मविश्वास देती है।

सही सेल्स कल्चर में निम्नलिखित पर ध्यान दिया जाता है:

- सबकी भूमिकाओं और जिम्मेदारियों को स्पष्ट रूप से परिभाषित किया गया है।

- सबके विकास के अनुरूप, उनके विकास पथ और निरंतर सीखने की योजना अच्छी तरह से परिभाषित है।

- नियमित प्रतिक्रिया और सराहना प्राप्त करें ताकि सुधार हो सके।

स्पष्ट रूप से परिभाषित भूमिकाएँ और जिम्मेदारियाँ

जवाबदेही, स्वायत्तता और स्पष्टता को बढ़ावा देने के लिए सेल्स लीडर टीम की भूमिकाओं और जिम्मेदारियों को स्पष्ट रूप से परिभाषित करने के लिए जिम्मेदार है। परिभाषित भूमिकाएँ और जिम्मेदारियाँ यह निर्धारित करने में सहायता करती हैं कि टीम के

अन्य सदस्यों और अन्य संगठनात्मक विभागों के साथ कब और कैसे काम करना है। इससे यह भी सुनिश्चित होता है कि प्रत्येक भूमिका कंपनी के निर्धारित लक्ष्यों और उद्देश्यों से जुड़ी हो। जब एक सेल्सपर्सन को पता होता है कि उनसे क्या अपेक्षित है, तो वह अपनी गतिविधियों और कार्यों में स्वतः ही अधिक कुशल बन जाते है, और समय के साथ अच्छी सेल्स प्रैक्टिस उनके व्यवहार में तब्दील हो जाती है। यह धीरे धीरे सेल्सपर्सन के व्यवहार में भी झलकता है, जब वह अपने भावी कस्टमर / कस्टमर्स से संवाद करते हैं। जब सेल्स टीम के सभी सदस्यों द्वारा अच्छा सेल्स व्यवहार अपनाया जाता है, तो कंपनी के भीतर एक अच्छे सेल्स कल्चर के निर्माण की शुरुआत हो जाती है। उदाहरण के लिए, यदि सेल्सपर्सन के लिए परिभाषित जिम्मेदारियों यह है की वो कस्टमर को एक घंटे के भीतर ईमेल पर जवाब दे तो उसे यह विभिन्न कम्युनिकेशन चैनलों के माध्यम से कई बार बताना होगा जब तक कि यह सेल्सपर्सन का निर्धारित व्यवहार न बन जाए। समय के साथ, सेल्स टीम के सभी सदस्यों में यह व्यवहार विकसित हो जाएगा और कुछ समय उपरांत उस कंपनी की सेल्स कल्चर बन जाएगा।

सीखना और विकास करना

सेल्स टीम हो या कोई भी कंपनी हो, उन्नति के पथ पर अग्रसर होने के लिए उनका सीखना और व्यक्तित्व विकास आवश्यक शर्तें हैं। सेल्स लीडर की यह जिम्मेदारी बनती है कि वह अपनी टीम के लिए लगातार ऐसे अवसर बनाए जिनसे वह निरंतर सीखे और अपने व्यक्तित्व का विकास करे। सीखने के कल्चर को प्रोत्साहित करने के लिए कम से कम, हर पखवाड़े में एक दिन कुछ नया सीखने और व्यक्तित्व-विकास के लिए समर्पित किया जाना चाहिए, जो की हर सदस्य के वार्षिक मूल्यांकन से जुड़ा रहना चाहिए। इसके लिए सेल्स लीडर द्वारा कार्यशालाओं, सेमिनारों, सम्मेलनों और नेटवर्किंग कार्यक्रमों के माध्यम से निरंतर सीखने के अवसर आयोजित किए जाने चाहिए। साथ ही, सेल्सपर्सन को अपनी सेल्स मसल्स को

बनाए रखने के लिए जिज्ञासु रहकर अपने स्वयं के व्यक्तित्व-विकास में निवेश करना चाहिए। व्यक्तित्व-विकास में निरंतर निवेश, एक सेल्सपर्सन को उनके भावी कस्टमर्स के सामने अधिक उपयोगी और कुशल बनाता है। जो कंपनी सीखने और व्यक्तित्व-विकास के कल्चर को बढ़ावा देती है, उसका सकारात्मक प्रभाव सीधा कस्टमर संतुष्टि पर पड़ता है (मैट, 2022)।

प्रतिक्रिया और सराहना

नियमित प्रतिक्रिया और प्रशंसा करना एक और बहुत ही महत्वपूर्ण तरीका है जिससे जवाबदेही और पारदर्शिता वाले ठोस सेल्स कल्चर का गठन होता है। सेल्स लीडर्स को नियमित रूप से अपने सेल्सकर्ताओं के प्रदर्शन पर प्रतिक्रिया प्रदान करने की आवश्यकता होती है। यह प्रतिक्रिया न केवल परिणामो पर आधारित होना चाहिए, बल्कि उन परिणामो तक पहुंचने के लिए किए गए प्रयासों पर भी आधारित होनी चाहिए। मानव स्वभाव मूल्यवान और सराहनीय महसूस करना चाहता है, और सेल्स गेम भी इससे अलग नहीं है। जब सेल्सपर्सन के प्रयासों और उपलब्धियों की सराहना होती है तो वह तुरंत उसके मनोबल को बढ़ाता है और सेल्स टीम के भीतर अपनेपन की भावना पैदा करता है।

अतः समग्र सेल्स कल्चर में, विश्वास करने की प्रवृति, सकारात्मक दृष्टिकोण और भरोसे का वातावरण विकसित होता है, और सेल्स लीडर्स भूमिकाओं और जिम्मेदारियों को परिभाषित करके, निरंतर सीखने में निवेश करके और एक व्यवस्थित प्रतिक्रिया प्रणाली स्थापित करके इसका बढ़ावा देता है।

2. सेल्स टीम मेनेजमेंट

सेल्स मेनेजमेंट मॉडल में, सेल्स लीडर को सेल्सपर्सन के पूरे जीवन चक्र, भर्ती से सेवानिवृत्ति तक के लिए सेल्स टीमों के अधिग्रहण और अनुकूलन को संभालने की आवश्यकता होती है। सेल्स टीम मेनेजमेंट

सेल्स लीडर की एक महत्वपूर्ण ज़िम्मेदारी होती है क्योंकि उसे पूरी टीम से कंपनी दवारा परिभाषित लक्ष्यों की दिशा में सफलतापूर्वक काम करवाना होता है।

सेल्स टीम अधिग्रहण जीवनचक्र - भर्ती से सेवानिवृत्ति तक

एक सेल्स लीडर को भर्ती के समय से लेकर सेवानिवृत्ति/प्रतिस्थापन तक की प्रक्रिया में शामिल रहना आवश्यक है। टीम में सही सेल्सपर्सन को भर्ती करने से पहले ही उनके बारे में जानना आवश्यक है। यह मूल्यांकन करना आवश्यक है कि क्या वे टीम के सेल्स कल्चर के लिए उपयुक्त हैं, जिस कल्चर का पोषण करने में सेल्स लीडर ने बहुत बड़ा योगदान दिया है। इसलिए, जैसा कि पहले चर्चा की गई है कि स्पष्ट रूप से परिभाषित भूमिकाएं और जिम्मेदारी के आधार पर ही सही उम्मीदवार की नियुक्ति करना अनिवार्य है। सेल्स लीडर को यह आकलन करने की आवश्यकता है, कि क्या नई भर्तियाँ टीम के लिए मूल्यवर्धन होगी, प्रक्रिया का सम्मान करेगी और परिणाम देने में सक्षम होंगी। सेल्स लीडर को भर्ती प्रक्रिया के दौरान, समझदारी के साथ प्रभावी प्रश्न पूछने की आवश्यकता है, जैसे कि:

- अतीत में सेल्सपर्सन ने कौन-कौन से अवसरों पर कार्य किया है और उनको कैसे जीता है।

- कस्टमर्स की आपत्तियों को उन्होंने कैसे निपटाया है या

- खोये हुए सेल्स के अवसरों से उन्होंने क्या सबक सीखा है।

इसके साथ ही, साक्षात्कार प्रक्रिया के दौरान, सेल्स लीडर को उम्मीदवार का सामूहिक समग्र मूल्यांकन प्राप्त करने के लिए विभिन्न टीमों के साथ भी साक्षात्कार निर्धारित करने चाहिए।

एक बार भर्ती होने के बाद, स्पष्ट रूप से परिभाषित सेल्स प्रक्रिया, सेल्सपर्सन को खुद ही कंपनी के सेल्स कल्चर को सीखने और समझने में सक्षम बना देती है। इस मुद्दे पर सेल्स लीडर नई भर्तियों के लिए कंपनी के पुराने कर्मचारियों को सलाहकार के रूप

में कुछ समय के लिए नियुक्त कर सकता है ताकि वे नई कंपनी में सुरक्षित महसूस कर सके। उन्हैं एक सलाहकार से सीखने का अवसर मिले, और शुरुआती चुनौतियों को सरलता से काबू करने में सहायता मिले। इसका उद्देश्य यह सुनिश्चित करना है कि नए भर्तीकर्ता सेल्स टीम में खुद को सुरक्षित महसूस कर सके और जल्द से जल्द सेल्स लक्ष्यों की दिशा में सकारात्मक योगदान दे सकें।

जब सेल्सपर्सन किसी भी कारण से सेवानिवृत्त होता है या प्रतिस्थापित किया जाता है, तो निवर्तमान सेल्सपर्सन से कार्यभार संभालने वाले व्यक्ति तक, सुचारु परिवर्तन सुनिश्चित करने के लिए एक स्पष्ट रूप से परिभाषित प्रक्रिया होनी चाहिए, जिससे आने वाले नए कर्मचारी के लिए पदभार संभालना आसान हो। इसी प्रकार सेवानिवृत कर्मचारी की भी एक पारिभाषित प्रक्रिया होनी चाहिए जिससे की वह जाने से पहले सभी कर्तव्यों, जिम्मेदारी, कागजी कार्यवाही, सम्भावित और गोपनीय जानकारी को सौंप दे। एग्जिट फॉर्म में, छोडने का कारण पूछा जाना चाहिए और कर्मचारी प्रतिधारण की प्रक्रिया में सुधार के लिए उल्लिखित किसी भी सुझाव और चिंताओं को पूरी गंभीरता से देखा जाना चाहिए।

सेल्स टीम अनुकूलन

एक सेल्स लीडर को यह स्पष्ट रूप से समीक्षा करने की आवश्यकता है कि टीम नियमित आधार पर दी गई भूमिकाओं और जिम्मेदारियों के विरुद्ध कैसा प्रदर्शन कर रही है। व्यवसाय की वृद्धि के आधार पर, सेल्स लीडर को नई भूमिकाएँ बनाने, मौजूदा भूमिकाओं को फिर से परिभाषित करने या समाप्त करने की आवश्यकता हो सकती है। सेल्स लीडर को टीम के प्रत्येक सेल्सपर्सन की ताकत और कमजोरी की अच्छी समझ होनी चाहिए। सेल्स लीडर को प्रत्येक सेल्सपर्सन की ताकत के अनुसार उनका सेल्स प्रक्रिया में उपयोग करना चाहिए जिससे पूरी सेल्स टीम अनुकूल रूप से सर्वाधिक लाभ अर्जित कर सके.। उदाहरण के लिए, एक हंटिंग सेल्सपर्सन की भूमिका के लिए एक सेल्सपर्सन को रिजेक्शन को सहर्षतापूर्ण स्वीकार करने की

आवश्यकता होती है और उन रिजेक्शन को अवसर में बदलने और आगे बढ़ने के लिए स्वयं को प्रेरित करना पड़ता है। दूसरी ओर, एक फ़ार्मिंग सेल्स पर्सन की भूमिका सम्पूर्ण अकाउंट मेनेजमेंट और सहायता पूर्ण व्यवहार प्रदान करने की होती है। हर साल, प्रत्येक सेल्सपर्सन की भूमिकाओं और जिम्मेदारियों के अनुसार उनके स्वॉट एनालिसिस (SWOT) और व्यक्तित्व मूल्यांकन के आधार पर गहन समीक्षा की जानी चाहिए ताकि यह सुनिश्चित किया जा सके कि वे सबसे उपयुक्त हैं, अन्यथा उनकी उत्पादकता और दक्षता को अनुकूलित करने के लिए अपस्किलिंग के अवसर प्रदान करने चाहिए।

इसके अलावा, सेल्स लीडर को श्रेष्ठ प्रदर्शन करने वालों को रिटेन करना चाहिए। श्रेष्ठ प्रतिभा को खोने से कई विपरीत परिणाम होते हैं, जैसे की लक्ष्यों को पूरा ना करना, आय की हानि और टीम के मनोबल को प्रभावित करने के साथ-साथ टीम के समग्र प्रदर्शन को प्रभावित करना शामिल है। श्रेष्ठ प्रदर्शन करने वाले स्व-प्रेरित, मांग करने वाले होते हैं और कंपनी के बाहर भी अपनी अहमियत जानते हैं। इसलिए, यह जरूरी है कि सेल्स लीडर उनकी अर्थपूर्ण जरूरतों पर अतिरिक्त ध्यान दें, परंतु उनकी अनावश्यक मांगों पर झुकना भी नही है, जिसका सेल्स लीडर को अहसास होना चाहिए। इसी तरह, सेल्स लीडर को खराब प्रदर्शन करने वालों का मूल्यांकन करने और अतिरिक्त सहायता प्रदान करने की आवश्यकता है। लेकिन अगर खराब रवैये, ईमानदारी की कमी, या बस अनुपयुक्त होने के कारण प्रदर्शन में सुधार नहीं होता है, तो सेल्स लीडर को निष्काषित करने में कठोर निर्णय लेने की आवश्यकता होती है।

एक सेल्स लीडर को ऐसा माहौल बनाना चाहिए जो सेल्सपर्सन को कुशलतापूर्वक प्रदर्शन करने में मदद करे। ऐसा किसी भी प्रशासनिक ओवरहेड को हटाकर किया जा सकता है जो उन पर बोझ डालता है और उनकी दक्षता को प्रभावित करता है। सेल्स लीडर टेक्नोलोजी का उपयोग, यह सुनिश्चित करने के लिए कर सकता है कि अनावश्यक कार्यों में सेल्सपर्सन का बहुत अधिक समय बर्बाद न हो, जिसका

उपयोग अन्यथा कस्टमर्स से मिलने में किया जा सकता है। सेल्स टीम को प्रशासनिक कार्यों के बजाय अपने लक्ष्यों में पर समय निवेश करके सेल्स मूल्य और आरओआई[37] (ROI) को अधिकतम करना है।

3. अमल मे लाने की प्रक्रिया

सेल्स प्रक्रिया में, सेल्स ही महत्वपूर्ण है और इसलिए सेल्स लीडर्स को यह सुनिश्चित करना होगा कि बेचने से पहले टीम के पास प्रॉडक्ट के बारे में आवश्यक जानकारी, जैसे अच्छी सेल्स पिच, स्टोरी लाइन, सुविधाएं और लाभ के बारे में पता हो जिससे कि टीम इन सब जानकारियों को उपयोग करने में कुशल हो और भावी कस्टमर्स से मिलते समय वह सेल्स प्रक्रिया का सुचारू रूप से अनुसरण कर सके। सेल्स लीडर को परिणाम उत्पन्न करने वाली प्रणाली स्थापित करने के लिए, निम्नलिखित तीन प्रक्रियाओं को लागू करने की आवश्यकता है:

1. सेल्स पर्सन के साथ एकल बैठक

2. नियमित टीम बैठक

3. सेल्स टीम के साथ कस्टमर मीटिंग्स में जाना

    a. पहली प्रक्रिया में "नियमित 1:1 बैठक" शामिल है। सेल्स लीडर्स को नियमित रूप से टीम के सदस्यों से व्यक्तिगत रूप से मिलना चाहिए। 1:1 बैठकें सेल्स लीडर को टीम के सदस्य की प्रगति, परिणाम और पाइपलाइनों पर चर्चा और समीक्षा करने का अवसर देती हैं। सेल्स लीडर निम्नलिखित तीन पहलुओं पर समीक्षा बैठक में ध्यान केंद्रित कर सकते है:

    • बिजनेस प्लान

    • बुकिंग बनाम लक्ष्य

- पाइपलाइन

उपरोक्त तीन पहलुओं पर 1:1 बैठक का ध्यान केंद्रित करने के बाद सेल्स लीडर और टीम के सदस्य, एक सेल्स समीक्षा सत्र में शामिल हो सकते हैं, जिसमे वह - कैसे सेल्स प्रणाली में और सुधार करें, सेल्स पर्सन अपनी परेशानियों को खुलकर व्यक्त करें और निर्धारित लक्ष्यों के खिलाफ अवसर परिवर्तन को देखने के लिए आंकड़ों पर चर्चा करें। इसके बाद सेल्स लीडर पाइपलाइन की समीक्षा पर ध्यान केंद्रित करें। क्योंकि तत्काल डील्स के अलावा उनके अगले महीने या अगली तिमाही में जीतने वाले सम्भावित डील्स पर गहराई से चिंतन आवश्यकता है, जिससे की सम्भावित डील्स वाली पाइपलाइन मज़बूत रहे। ऐसा करने से सेल्स लीडर पाइपलाइन को देखकर यह सत्यापित कर सकता है कि पाइपलाइन स्वस्थ है या नहीं और टीम के सदस्यों को और क्या आवश्यक समर्थन चाहिए जिससे उस पर कार्य करने की रुप रेखा बनाई जा सके।

अंत में, यह सुनिश्चित करना महत्वपूर्ण है कि सेल्स लक्ष्यों पर प्रगति, वर्ष के शुरुआत में बनाई गई बिज़नेस योजना के अनुसार हो रही है या नहीं। लक्ष्य प्राप्ति निश्चित रूप से महत्वपूर्ण है, पर उसके साथ- साथ बिज़नेस प्लान के अनुसार आपकी प्रगति यह सत्यापित करेगी की मध्य से दीर्घ कालिक तक आपके व्यवसाय का स्वास्थ्य अच्छा रहेगा।

b. मेनेजमेंट प्रक्रिया का दूसरा भाग "नियमित टीम मीटिंग" करना है - सेल्सलीडर को विचार-मंथन, सफलताओं और सुझावों को साझा करने के उद्देश्य से नियमित टीम मीटिंग आयोजित करने की आवश्यकता है, ताकि टीम के सदस्य क्षेत्र में आने वाली समस्याओं के नवोन्वेषी समाधानों के साथ आगे आते हुए एक दूसरे की सफलताओं और असफलताओं

से सीख सकें। बैठक को केंद्रित रखने के लिए एक उचित पूर्व निर्धारित एजेंडे की आवश्यकता होती है और एजेंडे में चर्चा के लिए निम्नलिखित आइटम शामिल हो सकते हैं।

- समग्र टीम और व्यक्तिगत प्रदर्शन - बुकिंग और पाइपलाइन विश्लेषण की क्या स्थिति है, क्या काम किया है और क्या सुधार की आवश्यकता है।

- बिजनेस प्लान के विरुद्ध प्रगति- बाधाओं को दूर करने के लिए योजना और समाधानों की तुलना में प्रगति की समीक्षा करें।

- सीखने और साझा करने का सर्वोत्तम अभ्यास- सभी सेल्सपर्सन, विशेष रूप से शीर्ष प्रतिभाओं को, क्षेत्र से अपनी सेल्स की सीख और अनुभवों को साझा करें। उदाहरण के लिए,अवसरों का आकार या सफल पूर्वेक्षण के तरीकों को बढ़ाने के लिए अपसेल/क्रॉससेल[38] करने के अनुभव को साझा करना।

- बड़े या रणनीतिक सौदे का विश्लेषण और विचार-मंथन - सेल्सपर्सन को क्षेत्र में आने वाली चुनौतियों सहित अवसर के अपने पूरे जीवनचक्र को साझा करने के लिए कहा जा सकता है। फिर, टीम सहयोगात्मक रूप से सुझावों पर विचार-मंथन कर सकती है और नवीन समाधान सुझा सकती है जिन्हें लागू किया जा सकता है और संभवतः चुनौती से निपटने में मदद मिल सकती है।

---

38 अपसेल/क्रॉस सेल - अपसेल तब होता है जब एक सेल्सपर्सन कस्टमर को अधिक कीमत वाला प्रॉडक्ट खरीदने या प्रॉडक्ट के साथ अधिक सर्विसिस जोड़ने के लिए प्रोत्साहित करता है। जब कोई सेल्सपर्सन किसी कस्टमर को उसके द्वारा खरीदी जाने वाली वस्तुओं के साथ-साथ विभिन्न प्रॉडक्ट खरीदने के लिए प्रोत्साहित करता है तो इसे क्रॉस सेल कहा जाता है।

- कंपनी के अन्य विभागों का लाभ उठाएं - कंपनी के अन्य विभागों को इन बैठकों में आमंत्रित करे ताकि अन्य विभागों की मदद से कैसे ग्राहको के मन में आत्म-विश्वास और भरोसा बढ़ाया जा सकता है। इसके साथ आपकी टीम को दूसरे विभागों के साथ सौहार्द बढ़ाने का भी अवसर मिलता है और उनके अलग दृष्टिकोण से समस्या और समाधान की समीक्षा करने का अवसर भी प्रदान होता है।

- प्रतिक्रिया और निष्कर्ष - एजेंडे में आप स्पष्ट और अस्पष्ट दोनों तरीको के मुद्दों पर समीक्षा कर सकते है। सेल्स लीडर अस्पष्ट वस्तुओं की प्रगति की समीक्षा करने के लिए एक तिथि निर्धारित कर सकता है। सेल्स लीडर साथ ही विशिष्ट सदस्यों को स्पष्ट कार्य की जिम्मेदारी सौंपें और जवाबदेही स्थापित करें।

- आम तौर पर सेल्स लीडर को मीटिंग में एक मध्यस्थ की तरह होना चाहिए जोकि ऐसा वातावरण बनाये जिससे की मीटिंग में बैठे हर सदस्य को अपनी बात रखने का पूरा मौका मिल सके।

c. प्रक्रिया का तीसरा भाग "सेल्सपर्सन के साथ कस्टमर की मीटिंग" पर होना है। जो सेल्स लीडर, फील्ड में सेल्स के सदस्यों के साथ हर प्रक्रिया में उनका साथ देते है, वह नेतृत्व का उदाहरण बनते हैं और उनकी टीम भी उनका सम्मान करती है। इसके अतिरिक्त, सबके लिए इससे सीखने समझने और एक साथ बढ़ने के अवसर भी पैदा होते हैं। सेल्स लीडर्स अपनी सेल्स टीमों का समर्थन करने के लिए निम्नलिखित कार्य कर सकते हैं:

- टीम के सदस्यों को प्रशिक्षित करने के लिए सेल्सपर्सन के साथ कस्टमर मीटिंग में भाग लें।

- मीटिंग से पहले, उसके दौरान और बाद में सेल्सपर्सन के साथ विश्लेषण, सुधार और समाधान साझा करने और भविष्य में इसी तरह की स्थितियों से निपटने के तरीके सुझाने के लिए समय समर्पित करें।

- सेवाओं, गुणवत्ता, उत्पाद लॉन्च और अन्य लक्ष्यों में सुधार के लिए कस्टमर से फीडबैक लें, नई जानकारी प्राप्त करें और इसे कंपनी के अन्य विभागों के साथ साझा करें।

अंत में, सेल्स लीडर सेल्स मेनेजमेंट के निष्पादन में महत्वपूर्ण भूमिका निभाता है, कंपनी में एक समग्र सेल्स कल्चर का एक मॉडल बनाता है, सेल्स टीम को एकजुट रूप से संभालता है, और एक सेल्स मेनेजमेंट प्रक्रिया बनाता है जिसे प्रगतिशील सफलता प्राप्त करने के लिए दोहराया जा सकता है। सेल्स लीडर को यह सुनिश्चित करने के लिए लगन से काम करना होगा कि सर्वोत्तम टीमें मौजूद हो, जो पूरी तरह से समर्पित हो और एक ऐसी प्रक्रिया के साथ काम कर रही हो जो सेल्स टीम के लक्ष्यों और कंपनी के समग्र लक्ष्यों और विकास दोनों को प्राप्त करने के लिए टीम को संरेखित करती हो।

सेल्स मसल्स बिल्ड करने का समय

समीक्षा करें और विश्लेषण करें कि आपके कंपनी की प्रणालियाँ और प्रक्रियाएँ इस मॉडल की तुलना में कैसे बनाई गई हैं।

1. सेल्स कल्चर

____

____

____

____

2. सेल्स टीम मेनेजमेंट

____

____

____

____

3. सेल्स प्रक्रिया

____

____

____

____

कल्पना कीजिए कि आपको एक सप्ताह के लिए सेल्स लीडर की भूमिका दी गई है। इस प्रकरण में चर्चित मेनेजमेंट ढांचे की सीख के आधार पर आप मौजूदा प्रणाली में क्या परिवर्तन करेंगे?

____

____

____

____

____

सेल्स लाइफ साईकिल में नेटवर्क की भूमिका

पूरे सेल्स लाइफ साईकिल के सफर में नेटवर्किंग बहुत ही महत्वपूर्ण भूमिका निभाता है। यह कहने की आवश्यकता नहीं है कि सेल्सपर्सन को अपने नेटवर्क के निर्माण और विस्तार में सक्रिय रूप से निवेश करने की आवश्यकता है। नेटवर्क जितना बड़ा होगा, एक सेल्सपर्सन को उनसे उतनी अधिक लीड मिल सकती है, और सेल्सपर्सन को जितनी अधिक लीड मिलेगी, उन्हें अवसरों में बदलने की संभावना भी उतनी ही अधिक होगी। यह नेटवर्किंग के महत्व के बारे में लोगों की एक सामान्य समझ है। लेकिन यह अतिसरलीकृत है। नेटवर्किंग एक कला है जिसे सेल्सपर्सन को सीखना और लगन से अभ्यास करना पड़ता है। यह विश्वास करना मूर्खतापूर्ण होगा कि सभी नेटवर्क एक ही उद्देश्य पूरा करते हैं। इसलिए, विभिन्न नेटवर्कों के उद्देश्य की समझ से सेल्सपर्सन को अपने सामाजिक संपर्कों, जिन्हें उनकी सामाजिक पूंजी भी कहा जाता है, उसका उपयोग करना चाहिए।

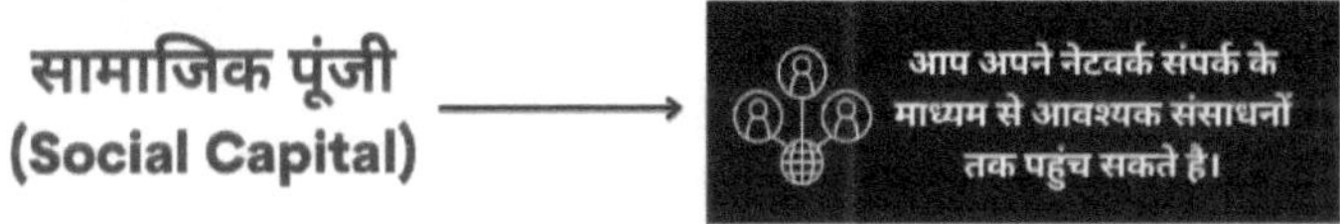

चित्र 34: सामाजिक पूंजी (सोशल कैपिटल) को दर्शाता है (विसा, 2011)

सामाजिक पूंजी का महत्व नेटवर्क को निम्नलिखित तीन श्रेणियों में विभाजित करके और विस्तार में समझा जा सकता है (विसा, 2011):

1. ब्रेथ नेटवर्क (डाइवर्सिटी)

2. डेप्थ नेटवर्क (स्ट्रेन्थ)

3. स्ट्रक्चर नेटवर्क (स्पारस, सेंट्रलाइज़्ड एड डेन्स)

आम तौर पर, बिज़नेस डेवलोपमेन्ट मॉडल में तीन चरण होते हैं जो सेल्स टीमों को सेल्स अवसरों में तेजी से समापन लाने के लिए मदद करते हैं। वे इस प्रकार हैं:

1. कंपनियों में प्रमुख भावी कस्टमर्स की पहचान करना और उनसे जुड़ना

2. संयुक्त सॉल्यूशंस या पीओसी (POC)[39] बनाना जो या तो कस्टमर्स की समस्याओं को दूर करेगा या उन्हें लाभ पहुंचाएगा

3. डील को पूरा करने पर काम करना और तीव्रतर जीत के लिए काम करना

बिज़नेस डेवलोपमेन्ट मॉडल के तीन चरणों में सफलता की प्रगति के लिए, एक सेल्स लीडर को विभिन्न प्रकार के नेटवर्क की आवश्यकता होती है। प्रत्येक नेटवर्क का एक अलग उद्देश्य होता है और बिज़नेस डेवलोपमेन्ट मॉडल के विभिन्न चरणों में एक अलग भूमिका निभाता है। इस अनुभाग में, आइए मॉडल के विभिन्न चरणों और प्रत्येक नेटवर्क की भूमिकाओं को देखें।

---

39 POC - प्रूफ ऑफ कान्सैप्ट

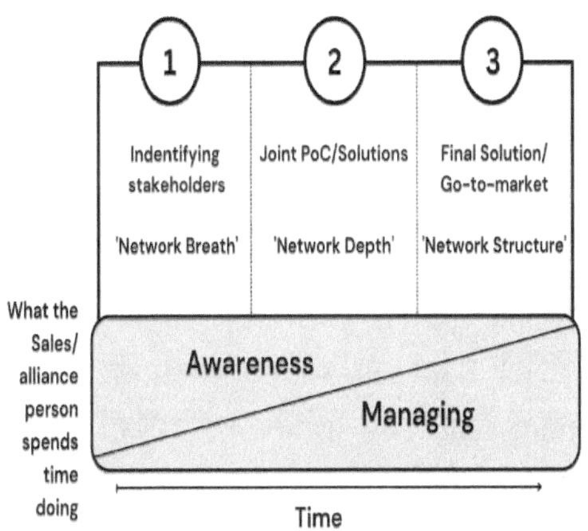

चित्र 35: बिज़नेस डेवलोपमेन्ट मॉडल में विभिन्न नेटवर्क की भूमिका को दर्शाता है

प्रथम चरण 1

बिज़नेस डेवलोपमेन्ट मॉडल का चरण 1 अवेयरनेस ग़ैदरिंग चरण है, जिसमें सेल्स लीडर्स को अपने कस्टमर के साथ तालमेल और समानताएं तलाशने की आवश्यकता होती है जिन्हें वास्तविक व्यावसायिक अवसरों में परिवर्तित किया जा सकता है।

इस चरण में, स्टेकहोल्डर और भावी कस्टमर्स की पहचान करने की आवश्यकता है, जिनसे सेल्स लीडर अपने ब्रेथ नेटवर्क के माध्यम से संपर्क कर सके। साथ ही साथ, आप नेटवर्क के विस्तार पर कार्य करें ताकि विभिन्न उद्योगों और कंपनियों के संपर्कों से आप जुड़ कर अपने नेटवर्क संपर्क की विविधता बढ़ा सके। ब्रेथ नेटवर्क, विभिन्न उद्योग जगत पर कार्यरत व्यक्तियों से जुड़ने का अवसर प्रदान करता है जो नवाचार और विविधता लाते हैं। इसलिए अपनी कम्पनी के विभिन्न विभागों, अपने कस्टमर कम्पनियो में और उद्योग जगत के विभिन्न नेटवर्क में संपर्क बनाये। आजकल पेशेवर प्लेटफ़ॉर्म, जैसे कि लिंक्डइन और ट्विटर, का उपयोग आमतौर पर अपने नेटवर्क

को और व्यापक बनाने के लिए किया जाता है, जिसका लाभ लेकर आप नए कनेक्शन से चर्चा शुरू कर सकते है। जब ब्रेथ नेटवर्क में स्टेकहोल्डर्स और भावी कस्टमर की पहचान कर ली जाती है, तो सेल्सपर्सन को अपनी सेल्स पिच तैयार रखनी चाहिए, ताकि आप अपने प्रोडक्ट्स और सॉल्यूशंस के बारे में जागरूकता पैदा कर पाएं।

जब मैं जीएसआई (GSI) डाइरेक्टर ऑफ सेल्स के रूप में कैनोनिकल में शामिल हुआ, तो मेरी भूमिका की मांग थी कि मैं अपने कस्टमर, (जीएसआई कंपनी) के कर्मचारियों के साथ नेटवर्क बनाऊं और कैनोनिकल का बिज़नेस नए सिरे से विकसित करूं। इस परिदृश्य में, मैंने वैश्विक स्तर पर हमारे जीएसआई कंपनी के उन विभिन्न लीडर्स से परिचित होने के लिए अपने ब्रेथ नेटवर्क का उपयोग किया, जिनका कैनोनिकल की पेशकशों के आधार पर तालमेल था। साझा कनेक्शन के द्वारा मुझे परिचित कराने से, भावी कस्टमर अपेक्षाकृत आसानी से मिलने को तैयार हो जाता है, जो कि अपरिचित हालात में अन्यथा मुश्किल होता।

चरण 2

मॉडल के चरण 2 में, संयुक्त सॉल्यूशंस बनाने या पीओसी संचालित करने पर ध्यान केंद्रित किया जाता है जो कस्टमर या पार्टनर के मन में विश्वसनीयता बनाता है। ऐसी स्थिति में, सेल्स लीडर्स के लिए सेल्स नेटवर्क में कुछ लोगों के साथ घनिष्ठ संबंध बनाना महत्वपूर्ण हो जाता है। लेकिन ऐसे गहरे रिश्ते बनाने में समय लगता है जिनमे पारस्परिक महत्त्व को समझा जा सके; इस प्रकार के नेटवर्क को डेप्थ नेटवर्क कहा जाता है। सॉल्यूशंस या POC - पीओसी बनाने में समय लगता है और सभी पक्षों के सुझावों पर विचार-मंथन करना, कार्य के दायरे की योजना बनाना, संसाधन उपलब्धता के बारे में पारदर्शिता दिखाना, और उसके साथ मुद्रीकरण और कार्यान्वयन की समय अवधि पर विचार करना आवश्यक है। कार्य में साथ-साथ समय निवेश करने से रिश्तो में विश्वास पैदा होता है। ग्लोबल अलायंस

सेल्स लीडर के रूप में पिछले दशक में बनाए गए गहरे संबंधों के कारण मैं संयुक्त सॉल्यूशंस बनाने के लिए विभिन्न पार्टनर्स के साथ काम करने में सक्षम रहा हूं। मैंने रिश्ते में जो समय निवेश किया, उससे मेरे ग्राहको को मेरी क्षमताओं पर आश्वासन रहा है, कि मैं उनको उपयुक्त परिणाम देने में सक्षम हूं जिनके लिए मैंने प्रतिबद्धता जताई थी। एक बार जब सेल्सपर्सन इन रिश्तों को बना लेता है, तो उन्हें विकसित करना और संभालना महत्वपूर्ण होता है, क्योंकि वे अंततः आपके ब्रेथ नेटवर्क का हिस्सा बन सकते हैं और आपको अन्य कनेक्शनों से परिचित कराने में मदद कर सकते हैं।

चरण 3

मॉडल के चरण 3 में, सेल्स लीडर को अंतिम सॉल्यूशन पर काम करने की आवश्यकता होती है जो कस्टमर को प्रस्तावित किया जाता है। इस स्तर पर, लीडर को अपने कस्टमर की अन्य क्रॉस-फ़ंक्शनल टीमों के साथ काम करना होता है। साथ ही साथ यह भी संभावना है की आपका प्रोडक्ट / सॉल्यूशन किसी और पार्टनर कंपनी के सॉल्यूशन के साथ इंटीग्रेट हो कर चले जिसके लिए आपको अन्य पार्टनर कंपनी को भी साथ में जोड़ना होगा। लीडर को सही लोगों को ढूंढने के लिए ब्रेथ नेटवर्क के साथ-साथ कस्टमर और पार्टनर कंपनी की टीमों का पता लगाना होगा। एक बार ब्रेथ नेटवर्क से सही लोगों की पहचान हो जाने के बाद, लीडर को सभी को जोड़कर संरचना की प्रभावशीलता को अधिकतम करने के लिए उन्हें एक साथ लाना होगा। इसे स्ट्रक्चर नेटवर्क कहा जाता है जहां विभिन्न टीमों/नेटवर्क (स्पार्स, सेंटरलाइज्ड, या डेन्स) के विभिन्न स्टेक होल्डर्स बातचीत करने और डील क्लोज़ या जीत दिलाने की योजना बनाने के लिए एक-दूसरे के प्रयासों के पूरक होते हैं। चूंकि ये लोग अलग-अलग नेटवर्क से हैं, इसलिए उनके हितों और पदों को प्रभावी ढंग से प्रबंधित करना बेहद महत्वपूर्ण है ताकि वे वांछित परिणाम देने में सक्षम हो सकें।

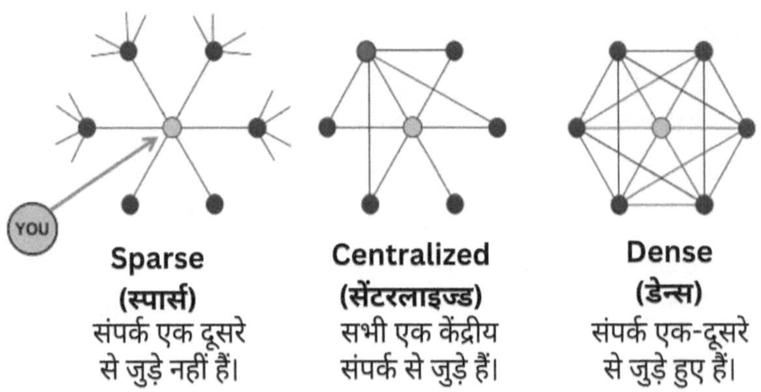

चित्र 36: विभिन्न प्रकार के नेटवर्क को दर्शाता है (विसा, 2011)

संपर्क एक दूसरे से जुड़े नहीं हैं।

सभी एक केंद्रीय संपर्क से जुड़े हैं।

संपर्क एक-दूसरे से जुड़े हुए हैं।

सेल्स लीडर स्पार्स कनेक्शन के साथ शुरू कर सकते हैं, लेकिन उद्देश्य हमेशा विभिन्न नेटवर्क के बीच एक पुल बनकर सेंटरलाइज्ड और डेन्स नेटवर्क की ओर बढ़ना होना चाहिए। इससे लीडर्स को अपने नेटवर्क की पहुंच और गहराई को बढ़ाकर इसका लाभ उन्हें अपने अवसरों / परियोजनाओं को जल्दी से जीतने या उनको तेज़ी से संपन्न करने में मदद करती है।

नेटवर्किंग की कला - व्यावसायिक नेटवर्क एक महत्वपूर्ण गतिविधि है जिसमें समय और प्रयास की आवश्यकता होती है लेकिन इसमें पारस्परिक लाभ के साथ दीर्घकालिक संबंध बनाने की भी काफी क्षमता होती है। सक्रिय रूप से नेटवर्किंग करके, एक सेल्सपर्सन उद्योग में उन लोगों से मिलने में सक्षम होता है जो अंततः कस्टमर, पार्टनर या टीम के सदस्य बन सकते हैं। नेटवर्किंग विश्वास[40] बनाने के अवसर प्रदान करती है क्योंकि जिन लोगों को हम जानते हैं और जिनके साथ हमारा किसी प्रकार का जुड़ाव या रिश्ता है, उनके साथ व्यापार करना मानव स्वभाव है। ग्लोबल लिंक्डइन सर्वे (लिंक्डइन.

---

40 विश्वास(ट्रस्ट) निर्माण पर अधिक चर्चा प्रकरण 5 में की गई है

कॉम, 2017) के अनुसार, सर्वेक्षण में शामिल 80% प्रतिभागियों ने बताया कि पेशेवर नेटवर्किंग उनकी सफलता की कुंजी है। इस अनुभाग में, आइए देखें कि अपनी नेटवर्किंग मसल्स को कैसे बिल्ड करें।

इसका पूरा लाभ पाने के लिए पहले योजना बनाकर लक्ष्य[41] निर्धारित करना महत्वपूर्ण है ताकि आप योजना अनुसार सही लोगों के साथ नेटवर्किंग का लाभ उठा सकें।

हर बार जब आप नेटवर्किंग रिंग में प्रवेश करते हैं, तो अपने नेटवर्किंग गेम की योजना बनाने के लिए निम्नलिखित प्रश्नों का व्यवस्थित रूप से उत्तर दें।

1. आज नेटवर्किंग का उद्देश्य क्या है?

2. आप इस कार्यक्रम में किसके साथ नेटवर्क बनाना चाहते हैं (प्रायोजक, पार्टनर, भावी कस्टमर)

3. आप कहां नेटवर्क करेंगे- किसी समारोह या व्यापार शो या वर्चुअल रूप में?

4. क्या आप वर्चुअली नेटवर्किंग करके अपने उद्देश्यों को प्राप्त कर सकते हैं या व्यक्तिगत मुलाकात की आवश्यकता है?

5. सही लोगों से जुड़ने में आपकी सहायता कौन कर सकता है?

6. क्या आपका नाम कार्ड या किसी QR कोड वितरण के लिए उपलब्ध है जो दूसरों को प्रभावित कर सके?

7. क्या आपका लिंकइन, ट्विटर और फेसबुक प्रोफाइल उस पेशेवर पहचान के अनुकूल है जो आप अपने भावी कस्टमर्स और कस्टमर्स को देना चाहते हैं?

8. क्या आपको सही नेटवर्क से जुड़ने के लिए लिंकइन पर एडवांस सर्च ऑप्शन का ज्ञान है?

---

41 लक्ष्य निर्धारण पर प्रकरण 6 देखें

9. क्या आपकी एलिवेटर पिच तैयार है?

10. क्या आपकी पावर स्टोरी तैयार है?

व्यक्तिगत बैठक नेटवर्किंग

आम तौर पर व्यक्तिगत बैठक को प्राथमिकता दी जाती है क्योंकि इससे भावी कस्टमर से कस्टमर बनाने का रूपांतरण दर लगभग 40 प्रतिशत होता है (पाइपलाइन ब्लॉग, एन.डी.)। बहुत से लोग व्यक्तिगत रूप से मिलना पसंद करते हैं क्योंकि इससे उन्हें मजबूत और अधिक सार्थक व्यावसायिक संबंध (85%) बनाने में मदद मिलती है और उन्हें शारीरिक भाषा और चेहरे के हाव भाव को पढ़ने का अवसर मिलता है (77%)। इसके अतिरिक्त, यह सामाजिक संपर्क के अवसर और सहकर्मियों/कस्टमर्स (75%) के साथ जुड़ने के अवसर पैदा करता है, जटिल रणनीतिक सोच पर मंथन करने का अवसर देता है (49%) और कठिन निर्णय लेने के लिए बेहतर वातावरण बनाता है (44%) (मॉरिस और देहल, 2022)।

एक सेल्सपर्सन को व्यक्तिगत मीटिंग्स को प्लान करने में सक्रिय रहना चाहिए, क्योंकि भावी कस्टमर्स द्वारा खरीदारी का लगभग 80% निर्णय उनके प्रत्यक्ष या अप्रत्यक्ष कस्टमर अनुभव (ब्लू कोरोना, 2019) पर आधारित होता है। बैठक से पहले सेल्सपर्सन को उनके बारे में गहन शोध करनी चाहिए - मीडिया कवरेज, कंपनी के बारे में सोशल मीडिया पोस्टिंग और उनके प्रोडक्ट्स और सर्विसिस के बारे में जानकारी लेना, संबंधित स्टेकहोल्डर्स की मैपिंग करना, और उन लोगों की पहचान करना जिन्हें वे जानते हैं और क्या वह आपको उन उपयुक्त व्यक्ति से परिचित कराने में आपकी मदद कर सकते है। उपयुक्त व्यक्ति जिससे आप मिलना चाहते हैं, उसके रुचि के क्षेत्र विशेषज्ञता को समझने के लिए उनके लिंक्डइन, ट्विटर और फेसबुक प्रोफाइल की जांच करके उन पर शोध करें।

संबन्धित लोगों की पहचान करने के बाद, अपने साझा संपर्कों तक पहुंचें जो आपको व्यक्तिगत बैठक के लिए संदर्भित कर सकते

हैं या आपके इच्छित संपर्क के साथ मुलाकात की पूर्व-व्यवस्था कर सकते हैं।

उसी तरह, यदि आप आयोजनों और व्यापार शो के दौरान अपनी नेटवर्किंग की सामाजिक पूंजी को और बढ़ाना चाहते हैं, तो अपनी योजना की रणनीति बनाना महत्वपूर्ण है। आयोजन से पहले टेक्नोलॉजी का उपयोग करें, क्योंकि लिंक्डइन, फेसबुक और ट्विटर जैसे विभिन्न सोशल मीडिया प्लेटफार्मों के माध्यम से दूसरों से जुड़ना आसान है। लिंक्डइन को पेशेवर नेटवर्क बनाने के लिए एक शक्तिशाली मंच के रूप में देखा जाता है, जिसमें फेसबुक (लाउड माउथ मीडिया, एन.डी.) की तुलना में अधिक वरिष्ठ स्तर के प्रभावशाली व्यक्ति और निर्णय लेने वाले होते हैं। उपुक्त व्यक्ति भी आपकी सोशल मीडिया प्रोफाइल को ब्राउज करके आपके बारे में जान सकता है और प्राथमिक विश्वसनीयता कायम हो जाती है। वर्च्युयल बातचीत के उपरांत आयोजन में व्यक्तिगत बैठक आपको बेहतर परिणाम दे सकती है। एक लिंकइन सर्वेक्षण के अनुसार, 35% प्रतिशत उत्तरदाताओं ने बताया कि लिंकइन पर आकस्मिक बातचीत के परिणामस्वरूप व्यापार साझेदारी जैसे नए अवसर प्राप्त हुए हैं (ओवचारेंको, 2021)।

वर्च्युयल नेटवर्किंग: फेसबुक पर 2.7 बिलियन से अधिक उपयोगकर्ता हैं, जबकि लिंकइन पर 738 मिलियन उपयोगकर्ता हैं, जो आपको अपने दायरे के बाहर और भौगोलिक सीमाओं से परे, लोगों से जुड़ने का पर्याप्त अवसर देते है (बार्नहार्ट, 2022)। हालांकि व्यक्तिगत मीटिंग्स को प्राथमिकता दी जाती है, पर अब ज्यादातर कंपनियों ने इस वैकल्पिक नेटवर्क के तरीकों को भी स्वीकार कर लिया है, जो कि रिमोट और वर्चुअल नेटवर्किंग कहलाई जाती है। चूंकि लिंक्डइन को निर्णयकर्ताओं और प्रभावशाली लोगों द्वारा सबसे अधिक उपयोग किया जाने वाला प्लेटफॉर्म माना जाता है, इसलिए मैं संक्षेप में बताऊंगा कि लिंक्डइन पर नेटवर्क कैसे बनाया जाए

और पेशेवर सफलता के लिए इसका लाभ कैसे उठाया जाए - नए कनेक्शन, लीड और व्यावसायिक अवसर से कैसे जुड़े।

लेकिन, लिंक्डइन पर कनेक्शन बनाने से पहले, निम्नलिखित बातों पर ध्यान दें:

1- लिंक्डइन पर नेटवर्क बनाने से आप क्या लक्ष्य प्राप्ति करना चाहते है?

2- नेटवर्किंग लक्ष्यों को मापने के मापदण्ड।

3- लिंक्डइन पर नेटवर्किंग के लिए कितना समय समर्पित करेंगे।

4- अपनी लिंक्डइन प्रोफ़ाइल बनाएं/सुधार करें।

आइए अब हम यह समझना शुरू करें कि हम अपने नेटवर्क का विस्तार कैसे करें।

1- उन लोगों से जुड़ना शुरू करें जिन्हें आप पहले से जानते हैं। वे प्रथम स्तर के कनेक्शन कहलाते हैं। पहले स्तर के कनेक्शन (जो लोग आपसे लिंक्डइन पर जुड़े हुए हैं) के साथ-साथ उनके दूसरे और तीसरे स्तर के कनेक्शन (वे लोग जो आपसे सीधे तौर पर नहीं जुड़े हैं लेकिन आपके पहले स्तर के संपर्क से जुड़े हुए हैं) के माध्यम से अपने नेटवर्क का विस्तार करें। यदि आप किसी इवेंट में भाग ले रहे है तो अपने लिंकडिन QR कोड से कनेक्शन के प्रोफाइल को स्कैन कर उनसे तुरंत जुड़ जाएं। अगर आप एक स्पीकर के तौर पर सम्मलित है तो अपने प्रेजेंटेशन में अपना लिंकडिन लिंक अवश्य लिखे और सभी श्रोताओं से जुड़ने के लिए प्रेरित करे।

2- अपने लक्ष्य के अनुसार सही लोगों को खोजें और उन्हें कनेक्शन रिक्वेस्ट भेजते समय एक छोटा सा संदेश अवश्य लिखे जो उनसे जुड़ने के अभिप्राय का उल्लेख करता हो।

आम तौर पर, जब किसी व्यक्ति को लिंक्डइन पर कनेक्शन रिक्वेस्ट प्राप्त होता है, तो वह दो चीज देखता है कि आप दोनों कितने लोगों को समान रूप से जानते हैं और आपने क्या संदेश लिखा है। जब एक सामान्य संपर्क वाले व्यक्ति से कनेक्शन रिक्वेस्ट आता है, तो यह उनके कनेक्शन रिक्वेस्ट को स्वीकार करने में एक निश्चित स्तर की सुविधा प्रदान करता है।

लिंक्डइन की अधिकांश सुविधाएं निःशुल्क उपलब्ध हैं। हालाँकि, यदि कोई सेल्सपर्सन लिंक्डइन के माध्यम से लीड उत्पन्न करना और बनाना चाहता है तो उसे प्रीमियम वर्जन का उपयोग करने का विकल्प चुनना चाहिए। अपनी कंपनी से जांच करें कि क्या उन्होंने सेल्स नेविगेटर की सदस्यता ली है और क्या यह आपके उपयोग के लिए उपलब्ध है।

3- लिंक्डइन सेल्स नेविगेटर - इसमें कई अतिरिक्त सुविधाएं हैं जो आपको बहुत ही व्यवस्थित तरीके से अपने लीड को पहचानने और प्रबंधित करने की अनुमति देती हैं। आप भावी कस्टमर्स की पहचान करने और प्रमुख खोज शब्दों के आधार पर नेटवर्क बनाने के लिए अपने प्रयासों को केंद्रित तरीके से व्यवस्थित कर सकते हैं, जैसे -

- उद्योग/कंपनी का आकार/कार्य

- पदवी/वरिष्ठता/रिश्ता

- भूगोल/देश/शहर

लीड बिल्डर एक बेहतरीन सुविधा है जो आपको लक्षित व्यक्तियों तक पहुंचने में मदद करती है। आप बाद में आसानी से दोबारा ढूंढने और मेल भेजने के लिए लीड (नेटवर्क कनेक्शन) भी सेव कर सकते हैं, भले ही वे आपके पहले स्तर के कनेक्शन न हों। इसके अलावा, यह सीआरएम से इंटीग्रेशन की संभावनाएं भी प्रदान करता है ताकि

ये संपर्क आपके सीआरएम (CRM)[42] का हिस्सा बन सकें और यदि कोई नेटवर्क आपकी सेवाओं का पता लगाने में रुचि रखता है, तो सेल्स टीमें अगले स्तरों तक लीड क्वालीफाई करना जारी रख सकती हैं।

निष्कर्ष यह है की, त्वरित गति से व्यावसायिक अवसरों को बढ़ाने में आपको विभिन्न प्रकार के नेटवर्क से लाभ उठाना ही सफलता की कुंजी है। सामाजिक पूंजी (आपका नेटवर्क) सफल साझेदारी बनाने में वास्तविक अंतर लाती है और एक सेल्सपर्सन को अपनी सामाजिक पूंजी की व्यापकता और गहराई का विस्तार करने के लिए व्यक्तिगत और आभासी नेटवर्किंग दोनों का उपयोग करना चाहिए।

---

42 सीआरएम (CRM) - कस्टमर रिलेशनशिप मैनेजमेंट

सेल्स मसल्स बिल्ड करने का समय

आप अपनी सामाजिक पूंजी कैसे विकसित कर रहे हैं, जो आपके और आपके नेटवर्क के लिए पारस्परिक रूप से फायदेमंद है?

____

____

____

____

अपने नेटवर्क बनाने या विस्तारित करने के लिए एक कार्य योजना बनाएं।

____

____

____

____

परिवर्तन के अलावा कुछ भी स्थायी नहीं है!

चित्र 37: दर्शाता है कि परिवर्तन ही एकमात्र अचल है

दुनिया, में चाहे वह राजनीति हो, अर्थशास्त्र हो या बाज़ार हो, हर दिन अनुभव बदलते हैं, क्योंकि परिवर्तन के अलावा कुछ भी स्थाई नहीं है! रचनात्मक विनाश (सकारात्मक परिवर्तन), कंपनी को कस्टमर उन्मुख बाजार अर्थव्यवस्था में सर्वोत्तम सेवा प्रदान करने के लिए इस अति-प्रतिस्पर्धी माहौल में हमेशा नवाचार और गतिशीलता (निरंतर परिवर्तन) को अपनाने के लिए प्रेरित करता है। जो कम्पनियां समय रहते परिवर्तन का सामना करने या स्वीकार करने में असक्षम होते हैं, वे या तो पिछड़ जाते हैं या समाप्त हो जाते हैं। फॉर्च्यून 500 कंपनियों के 1955 से 2016 तक के तुलनात्मक आंकड़ों से पता चला

है कि केवल 12% कंपनी जो 1955 की सूची का हिस्सा थे, समय की कसौटी पर खरे उतरे और 2016 में फॉर्च्यून 500 सूची का भी हिस्सा बने रहे (पेरी, 2016)। बाकी कंपनी जिन्होंने विरोध किया या परिवर्तन को स्वीकार नहीं किया, या तो दिवालिया हो गए, या किसी अन्य कंपनी में विलय हो गए, या फॉर्च्यून 500 सूची से बाहर हो गए (पेरी, 2016)।

रचनात्मक विनाश की मांग है कि कंपनी अपनी दृष्टि और रणनीति को फिर से परिभाषित करके स्वयं को बदल दें, पर यह बदलाव कर्मचारियों को सबसे ज्यादा प्रभावित करता है, क्योंकि कई सारे बदलावों को स्थापित किया जाता है जैसेकि नई भूमिकाओं और जिम्मेदारियों को परिभाषित करना, नई प्रक्रियाओं की रचना करना और नई तकनीकों को अपनाकर फुर्ती से कस्टमर की जरूरतों को पूरा करना ये सब को प्रभावित करता है।

इसका तात्पर्य यह है कि परिवर्तन ही एकमात्र अचल है। कंपनी के साथ-साथ कर्मचारियों और, इस किताब के संदर्भ में, सेल्सपर्सन को यह महसूस करना होगा कि परिवर्तन का विरोध करना या बहुत धीरे-धीरे बदलना उनके करियर के विकास पर हानिकारक प्रभाव डाल सकता है। सेल्सपर्सन को परिवर्तन को एक अवसर के रूप में देखना चाहिए जिससे वे चीजें अलग तरीके से कर सकते हैं, अपने लिए वृद्धि ला सकते हैं, और सुनिश्चित कर सकते हैं कि उनकी टीमें सकारात्मक दृष्टिकोण के साथ परिवर्तन को स्वीकार कर रही हैं। कई बार, सेल्स लीडर और सेल्सपर्सन किसी भी काम को एक सुनिश्चित तरीके से करने में बहुत सहज हो जाते है क्योंकि वह सालों से उसको उसी तरीके से करते आ रहे है। फिर, जब बाज़ार बदलाव की माँग करता है, तो नकारात्मक मानसिकता वाले सेल्स लीडर/सेल्सपर्सन बदलाव के लिए तैयार नहीं हो पाते है।

आइए इसे "बॉयलिंग फ्रॉग सिंड्रोम" के समरूपता के माध्यम से समझें, जो मुझे फोर्ब्स के एक लेख (इनाम, 2013) में मिला था।

यह रूपक 19वीं शताब्दी में परिवर्तन के प्रति अनुकूलित होने पर मेढकों की प्रतिक्रिया पर किए गए शोध का परिणाम है। जैसे ही मैंने इस सिंड्रोम पर शोध किया, मैंने यह समझने के लिए अपनी स्वयं की विकास यात्रा पर विचार करना शुरू कर दिया कि कब मैंने समय पर कार्य नहीं किया था और कब मैं तुरंत बदलाव के लिए अनुकूल होने में सक्षम था। मुझे यह समरूपता इतनी पसंद है कि तब से, मैं अपने प्रशिक्षण और कोचिंग सत्रों में "बॉयलिंग फ्रॉग सिंड्रोम" का उपयोग कर रहा हूं ताकि नष्ट होने से बचने के लिए परिवर्तन को अपनाने के महत्व पर जोर दिया जा सके। आइये इस रूपक को संक्षेप में समझते हैं।

यदि मेंढक को उबलते पानी के बर्तन में डाल दिया जाए तो वह खुद को बचाने के लिए बाहर कूद जाएगा। यह एक सामान्य प्रतिक्रिया है। इसके विपरीत, यदि मेंढक को गुनगुने पानी के बर्तन में डाल दिया जाए और फिर धीरे-धीरे तापमान बढ़ा दी जाए तो मेंढक को खतरे का एहसास नहीं होता है और वह बाहर कूदने में बहुत देर कर देता है। परिणाम वश, मेंढक स्वयं अपने मृत्यु प्रमाणपत्र पर हस्ताक्षर कर देता है।

ऐसा क्यूँ होता है?

जब मेंढक गुनगुने पानी में होता है, तो वह हल्के गर्म वातावरण से थोड़ा असहज होता है, और परिणामस्वरूप, वह खुद को एडजस्ट करने की कोशिश में ताकत लगाता रहता है और खुद को विश्वास दिलाता रहता है कि तापमान में धीमा, क्रमिक परिवर्तन सामान्य है। जब वह धीमा परिवर्तन धीरे-धीरे अपरिहार्य स्थिति में बदल जाता है तब मेंढक को एहसास होता है कि उसके पास बाहर कूदने की ताकत ही नहीं बची है और अब वह केवल अपनी मृत्यु का इंतजार कर सकता है।

चित्र 38: उबलता हुआ मेंढक सिंड्रोम - बोइलिंग फ़्रोग सिंड्रोम

सेल्स लीडर्स की यह जिम्मेदारी होती है कि बदलते बाज़ार परिवेश को समय से पहले भांप ले और स्वयं और अपनी टीमों को इन परिस्थितियों में भी सफलतापूर्वक अग्रसर करें। हालाँकि, जो सेल्स लीडर अपने आस-पास हो रहे क्रमिक परिवर्तनों को भांपने में विफल होते है, वह परिवर्तन के लिए तैयार नहीं होते है और ऐसी स्थिति उनको व्याकुल बना देती है। परिवर्तन हमेशा वृद्धिशील होता है, लेकिन अगर इसके आने की आहट को नज़र अंदाज़ कर दिया तो यह कंपनी और कर्मचारियों, दोनों के लिए विनाशकारी बन जायेगा।

महामारी के कारण, सेल्स लीडर्स और सेल्सपर्सन सहित सभी को एक महत्वपूर्ण बदलाव पर तुरंत प्रतिक्रिया देने की आवश्यकता थी। वे सेल्स लीडर, जिन्होंने महामारी को एक अप्रत्याशित चुनौती के रूप में पहचाना और यह भांप लिया था कि बाजार लगातार नई चुनौतियों का सामना करेगा, पहले से व्यापक तैयारियों में लग गए थे, जिससे

वे अपनी टीमों को अभूतपूर्व संकट से सफलतापूर्वक निकालने में सक्षम हुए। उन्होंने समझा कि अप्रत्याशितता से निपटने के लिए नियमित अनुकूलनशीलता की आवश्यकता होती है और आंतरिक और बाहरी संकटों को प्रबंधित करने के लिए उनकी सेल्स रणनीतियों में गतिशील परिवर्तन समयानुसार आवशयक है।

उदाहरण के लिए, महामारी में, सेल्स रणनीतियों में आक्रामक बदलावों को लागू करना पड़ा क्योंकि लोगो को घर से ही काम करना था और इसलिए स्वीकार्य सामाजिक मानदंडों को फिर से परिभाषित किया गया था। सेल्स लीडर्स को लगातार अपनी सेल्स रणनीतियों में बदलाव करना पड़ा जिससे की वह अप्रत्याशित बाजार की स्थिति को समझते हुए अपनी कंपनी का बिज़नेस और कस्टमर बेस बचा सके/बढ़ा सके। इसके साथ ही साथ सेल्स लीडर्स को इस अप्रत्याशित स्थिति में अपनी टीम का मनोबल ऊंचा रखने और सेल्स मसल्स बनाने के लिए दृढ़ता से काम करना पड़ा।

महामारी में कई सेल्सपर्सन, सेल्स में नुकसान और काम की अनिश्चितता के कारण भावनात्मक संकट से गुजरे। यहां, मैं यह जोड़ना चाहूंगा कि एक सेल्सपर्सन को परिवर्तन प्रतिक्रिया चक्र के बारे में पता होना चाहिए जिससे एक इंसान गुजरता है।

परिवर्तन से निपटने के दौरान लोग चार भावनात्मक चरणों से गुजरते हैं, जो कि एलिजाबेथ कुबलर-रॉस सिद्धांत पर आधारित है - इनकार (डिनायल), प्रतिरोध (रेसिस्टेंस), अन्वेषण (एक्सप्लोरेशन) और प्रतिबद्धता (कमिटमेंट) (ब्रुसे, 2015)। इसे परिवर्तन कर्व भी कहा जाता है जो लोगों के भावनात्मक कर्व की व्याख्या करता है।

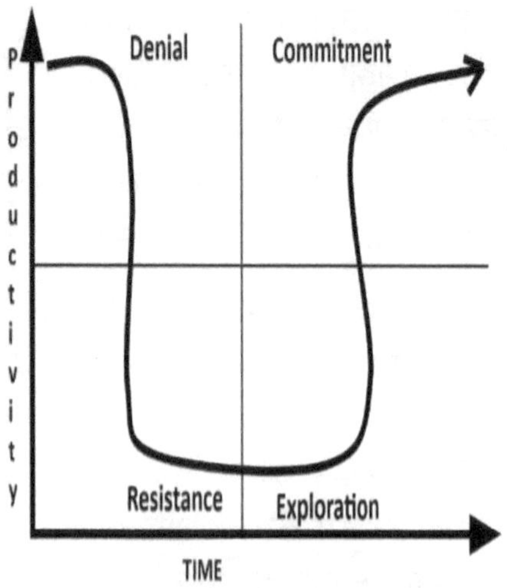

चित्र 39: परिवर्तन कर्व

हर दिन सेल्सपर्सन को रिजेक्शन, आपत्तियों, नई तकनीक, नए क्षेत्रों आदि से जूझना पड़ता है। उन्हें लगातार अपने आप को बदलना पड़ेगा जिससे की वह किसी भी नई परिस्थितिओ से जूझने के लिए बेहतर ढंग से तैयार रहे। यह परिवर्तन उनकी भूमिका, जिम्मेदारी, समावेशन, प्रतिस्थापन या स्थानांतरण आदि से आ सकता है। एक सेल्सपर्सन को यह जानने की जरूरत है कि यह एक सामान्य भावनात्मक मोड़ है जिससे उन्हें गुजरना पड़ता है। लेकिन सेल्सपर्सन को इनकार और प्रतिरोध चरण को तेजी से पार करके अन्वेषण चरण और फिर प्रतिबद्धता चरण में पहुंचने के तरीकों की तलाश करनी चाहिए। जितना कम समय व्यक्ति, इनकार और प्रतिरोध में रहेगा, उतनी ही अधिक समय उन्हें अन्वेषण चरण में अवसरों को तलाश करने में मिल जायेगा। दूसरी ओर एक व्यक्ति/सेल्सपर्सन जितना अधिक समय तक खुद को इनकार और प्रतिरोध चरण में रखेगा, उसे नए अवसरों की तलाश में आगे बढ़ने में उतना ही अधिक समय लगेगा और कठिनाई होगी।

इनकार चरण में, सेल्सपर्सन तनाव डिप्रेशन, चिंता से गुजरता है, और विभिन्न नकारात्मक भावनाओं का अनुभव करता है जैसे:

* गुस्सा! मेरे साथ ऐसा क्यों हुआ?

* अविश्वास और टालमटोल। मैं अब इस पर चर्चा नहीं करना चाहता या जब आप समझेंगे ही नहीं तो मैं आपसे इस पर चर्चा क्यों करूं?

* नाराजगी। शिकायत करना और अपने अतीत का गुणगान करना जैसे कि पिछले प्रबंधन मेरी बहुत परवाह करता था, या यह परिवर्तन काम नहीं करेगा, आदि।

अब, सेल्सपर्सन के पास एक विकल्प है। जो बदला नहीं जा सकता उस पर ध्यान केंद्रित करने के बजाय, आप उस पर ध्यान केंद्रित करे जो आपके नियंत्रण में है और बदला जा सकता है। इससे आपको जो संभव है उसे स्वीकार करने और उपयोगी बनने के विभिन्न तरीकों की खोज शुरू करने की ऊर्जा मिलेगी।

चुनौतियों से उबरने के लिए, सफलता की मानसिकता बनाने के लिए अभ्यास और आत्म-जागरूकता की आवश्यकता होती है।

नकारात्मक भावनाओं और विचारों से निपटने का एक तरीका जो मैंने सीखा है वह है चिंतनशील जर्नलिंग। इस कारण से, मैंने इस किताब में कई विचारोत्तेजक प्रश्न जोड़े हैं ताकि आपको आराम से बैठकर अपनी सेल्स यात्रा पर विचार करने में मदद मिल सके। जितना अधिक समय आप स्वयं का विश्लेषण करने और अपने विश्वासों, मूल्यों, भय और विचारों के बारे में गहरी समझ विकसित करने में बिताएंगे, आप अपनी जागरूकता के साथ उतने ही अधिक सशक्त होंगे। और फिर यह आपको आत्म-नियंत्रण और आत्म-सुधार के चरणों तक ले जाएगा।

सफलता की मानसिकता बनाने के लिए, आप अपने नकारात्मक विचारों और भावनाओं का विश्लेषण करे। इसका कुछ समय तक

विश्लेषण करें जिससे की आप समझे कि किन स्थितियों में नकारात्मक विचार आपकी मानसिकता को प्रभावित करते है। फिर उन विचारों को सकारात्मक रूप में बदलने पर काम करना शुरू करें और उन सकारात्मक रूप से बदले गए वाक्यों को याद करते हुए खुद को प्रेरित करें।

उदाहरण के लिए, मैं इस विलय को संभाल नहीं सकता क्योंकि मुझे नहीं पता कि मैं किसे रिपोर्ट करूंगा। मैं किसी ऐसे व्यक्ति को रिपोर्ट नहीं करना चाहता जिसके पास मुझसे कम अनुभव (नकारात्मक, पक्षपातपूर्ण विचार) हो।

दूसरे शब्दो मे कहे तो: मैं इस तथ्य को नहीं बदल सकता कि अब मुझे एक नए बॉस को रिपोर्ट करना होगा जो उम्र और अनुभव दोनों में मुझसे छोटा है। लेकिन मैंने उनके लिंक्डइन प्रोफ़ाइल को देखा है, कि उन्होंने उन क्षेत्रों में काम किया है, जिसमे मेरा अनुभव न के बराबर है। इसलिए, मुझे यकीन है कि उनके अनुभवों से कुछ नया सीखने के अवसर मिलेंगे।

महामारी ने एक VUCA[43] वैश्विक वातावरण बनाया, लेकिन कंपनियों और सेल्सपर्सनओं को बदलाव के अनुकूल होने और बढ़ने के लिए अवसर का एक नया रास्ता भी खोला। जैसा कि इस महामारी में मैने भी इस नए सामान्य को अपनाया और एक नए बदलाव की रणनीति तैयार करनी पड़ी जिससे कि मेरी टीम को मैं अँधेरे और नकारात्मक सोच से निकालकर उनका मार्गदर्शन कर सकूँ। निम्नलिखित कुछ रणनीतियाँ हैं जिन्हें मैंने यह सुनिश्चित करने के लिए लागू किया कि मेरी टीम के सभी सदस्य एक ही पृष्ठ पर हैं।

- स्पष्ट परिवर्तन विज़न तैयार करें

- लागू की जाने वाली सामूहिक रणनीतियों को स्पष्ट करें

---

43 VUCA - वोलटिलिटी, अंसर्टेनीटी, कॉंपलेकसिटी, अँड एंबीगुटी (volatility, uncertainty, complexity, and ambiguity)

- लक्ष्यों को स्पष्ट रूप से कम्युनिकेट करें और नियमित अंतराल पर लगातार करे।

- परिवर्तन प्रक्रिया में टीम को शामिल करें।

- टीम के सदस्यों को स्वामित्व दे ताकि वे परिवर्तन में विश्वास करें।

- स्पष्ट लक्ष्य बनाये और छोटे माइल स्टोन को प्राप्तकर उनकी प्रसंशा करे।

- अगले परिवर्तन चक्र को लाने से पहले अभी तक लागू किये गए परिवर्तनों को कार्यान्वित कर दे।

इससे टीम को दिशा और फोकस मिलेगा और उनकी अनिश्चितता का स्तर कम होगा।

परिवर्तन की स्पष्ट दृष्टि और सफलता की सोच के साथ, हमने नए पार्टनर्स ढूंढे, नए ज्वाइंट जीटीएम सॉल्यूशंस तैयार किए, नई क्षेत्रों की खोज की, और महामारी के काल में घर से काम करते हुए नए भावी कस्टमर्स से वर्चुअली काम करने का साहस मिला।

परिवर्तन, चाहे सक्रिय रूप से अपनाया जाए या मजबूरी में, कई संभावित अवसरों के रास्ते को खोल सकता है जो अन्यथा कभी घटित नहीं हो सकते। अगले भाग में, आइए देखें कि कैसे परिवर्तन, आत्मसंतुष्टि को दूर करने, नए कौशल सीखने और एक लचीली मानसिकता विकसित करने का अवसर देता है।

1. परिवर्तन आत्मतुष्टि को दूर करने में मदद करता है

एक ही प्रकार की नीरस दिनचर्या सुरक्षा की झूठी भावना देती है जो व्यक्ति को संभावित खतरों और चुनौतियों के प्रति असंवेदनशील बना देती है। दूसरी ओर, लगातार बेहतर बनने की चाह और नई चुनौतियों का सामना करने की इच्छा हमें किसी भी अनिश्चितता का सामना करने के लिए बेहतर ढंग से तैयार होने की हिम्मत देती है। वास्तव में, मुश्किलें और खतरे एक सकारात्मक संतुलन प्रदान करते हैं जो सीखने के नए अनुभव पैदा करते हैं।

परिवर्तन सेल्सपर्सन को उनके कंफर्ट जोन से बाहर निकलने और "कॉरिडोर सिद्धांत" को सहजता से अपनाने के लिए प्रेरित करता है, जिससे वे नए अवसरों की खोज (कॉरिडोर में दरवाजों को खटखटाने की उपमा) में निरंतर प्रयत्नशील रहें, जिसे अन्यथा नज़रअंदाज़ कर दिया जाता है। अनजाने रास्तों पर लगातार जाना यह सुनिश्चित करता है कि सेल्सपर्सन एक सफल मानसिकता को विकसित कर रहा है और आत्मसंतुष्टि को पनपने से रोक रहा है।

मैंने सेल्सपर्सन के रूप में अपना करियर शुरू किया और एक दशक तक गवर्नमेंट कस्टमर्स को संभाला, जिसके बाद मैंने 1 साल का लीडरशिप एग्जीक्यूटिव प्रोग्राम किया। फिर जैसे ही पदोन्नति के साथ दूसरे शहर में, सेल्स टीम का नेतृत्व करने का मौका मिला मैंने तुरन्त ही वह अवसर ले लिया। परिवर्तन को मैंने सकारात्मक रूप से स्वीकार किया, और मैंने अपनी टीम का नेतृत्व करते हुए बीएसएफआई (BFSI)[44] वर्टिकल में कुछ बड़े सौदे जीते। दो वर्षों के बाद, मैंने डायरेक्ट सेल्स टीम से हटकर ग्लोबल अलायंसिस टीम का हिस्सा बनने का निर्णय लिया। मैंने कुछ वर्षों तक नए व्यवसाय के विकास, सेल्स और प्री सेल्स को चलाने के लिए एक पार्टनर अलायंस कार्यकारी के रूप में विभिन्न GSI - जीएसआई एकाउंट्स को संभाला, और फिर पदोन्नति पाकर GSI - जीएसआई अलायंसिस की टीम का नेतृत्व करने लगा। मैं सक्रिय था, और लगातार नई चुनौतियों और अवसरों का लाभ उठाकर अपनी सेल्स मसल्स को लगातार बिल्ड कर रहा था। में जानता था की मेरी जो काबिलियत मुझे यहां तक लाई है, वह मुझे और आगे नहीं ले जा सकती अगर मैंने लगातार नए कौशल को नहीं अपनाया। मुझे "फियर जोन" में कदम रखने की ज़रूरत थी जो मेरे कम्फर्ट जोन से बाहर था। मैं सक्रिय रूप से बदल रहा था क्योंकि मैं उस मेंढक की तरह आत्मसंतुष्ट नहीं होना चाहता था जो अपने वातावरण में होने वाले क्रमिक परिवर्तनों पर समय पर प्रतिक्रिया नहीं कर सकता था।

---

44 BFSI - बीएफएसआई = बैंकिंग फायननसियल सर्विसिस एंड इन्शुरेंस

हालाँकि मैं सक्रिय रूप से परिवर्तन के अवसरों की तलाश में था, पर मैं यह धारणा नहीं रखना चाहता हूँ कि परिवर्तन आसान है। परिवर्तन करने के लिए कुछ असमान्य करने की जरुरत है जो चिंता पैदा करता है और सेल्सपर्सन सहित कई लोग परिवर्तन की आवश्यकता को संबोधित करते हुए, 3F सिंड्रोम - फियर फेल्योर और फोरगेट (भय, असफलता और भूल)[45] का अनुभव करते है।

यहां, एक बार फिर सेल्सपर्सन को 3C[46] एंटीडोट - करेज, कंसिस्टन्सी एंड कम्यूनिटी (साहस, निरंतरता और समुदाय) के साथ 3एफ पर काबू पाना होगा। 3C एंटीडोट एक सेल्सपर्सन को नया अनुभव प्राप्त करने में मदद करता है और उन्हें अपनी सेल्स प्रक्रिया, सेल्स फ्रेमवर्क और "आउट ऑफ बॉक्स" सोच को लगातार बेहतर बनाने में मदद करता है। यह सेल्सपर्सन को विश्लेषण करने, प्रयोग करने, कुछ नया बनाने, और सीखने, पुरानी सीखो में बदलाव लाने और अपना सर्वश्रेष्ठ प्रदर्शन करने और सबसे प्रभावी तरीके से परिणाम देने के लिए अपनी अप्रयुक्त क्षमता को उजागर करने के लिए प्रेरित करता है। यह उन्हें विभिन्न डोमेन, विधियों और साझेदारियों का पता लगाने की अनुमति देता है इसलिए, सेल्सपर्सन के लिए यह समझना जरूरी है कि आत्मसंतुष्टि आपको अप्रासंगिक होने के जोखिम में डाल सकती है।

2. नए कौशल सीखने और अभ्यास करने का अवसर

परिवर्तन को जोखिम इसलिए माना जाता है क्योंकि इसके लिए व्यक्ति को अपने कम्फर्ट जोन से बाहर निकलना पड़ता है। निओफोबिक एक अविश्वसनीय रूप से दुर्बल करने वाला डर है जो लोगों में तब पनपता है जब उन्हें कुछ नया और/या बदलाव के कारण कुछ नई

---

45 3एफ सिंड्रोम - फ्रियर फेल्योर और फोरगेट (भय, असफलता और भूल) को संदर्भित करता है, जिसकी चर्चा प्रकरण 3 में की गई है

46 3सी करेज, कंसिस्टन्सी एंड कम्यूनिटी (साहस, निरंतरता और समुदाय) को संदर्भित करता है, जिसकी चर्चा प्रकरण 4 में की गई है

परिस्थितियों या व्यक्तियों का समना करना पड़ता है। ऐसे में डर पर काबू पाने से हमें विभिन्न प्रकार के अनुभव प्राप्त होते है जो हमारा समग्र विकास करते है।

आजकल कंपनियाँ बड़े पैमाने पर डिजिटल को अपना रहे हैं, और अपने कस्टमर्स तक पहुंचने के लिए ओमनी-चैनल रणनीतियाँ बना रहा है। इसका मतलब यह है कि नई टेक्नोलॉजी जैसे, आईओटी (IoT)[47], आर्टिफिशियल इंटेलिजेंस, ब्लॉकचेन, साइबर सुरक्षा और अन्य जैसी आधुनिक आईटी तकनीकों का लागू होना निश्चित है और आने वाले वर्षों में व्यवसाय के संचालन के विकास में महत्वपूर्ण भूमिका निभाएगी। जैसे-जैसे कम्पनियो के लिए नई तकनीक को अपनाना आवश्यक हो रहा है वैसे-वैसे सेल्सपर्सन को भी नई तकनीकों से डरने की बजाय उनके बारे में सीखना आवश्यक हो गया है। इसलिए, सेल्सपर्सन को इन तकनीक से संबंधित बुनियादी ज्ञान और कौशल हासिल करना चाहिए ताकि वे अपने उद्योग/व्यवसाय में इन तकनीक के अनुप्रयोगों को बेहतर ढंग से समझ सकें और अपने व्यवसाय के परिणाम पर बड़ा प्रभाव डाल सके और सीखने की अवस्था में आगे रहें।

नई तकनीक के ज्ञान और अनुप्रयोग के साथ-साथ, एक और कौशल जो सेल्सपर्सन के लिए सीखना महत्वपूर्ण हो गया है वह है प्रभावी कम्युनिकेशन। सेल्सपर्सन को सटीक और प्रभावी होने के लिए अपने कम्युनिकेशन कौशल में सुधार करके डिजिटल सेल्स विशेषज्ञों के रूप में विकसित होने की आवश्यकता है। स्पष्ट, सटीक और प्रभावी कम्युनिकेशन का कौशल सीखकर, सेल्सपर्सन अपने कंपनी में अपनी उपयोगिता और प्रासंगिकता में सुधार ला सकता है। प्रभावी कम्युनिकेशन हर अवस्था में, चाहे वो आपकी व्यक्तिगत मीटिंग, वर्चुअल मीटिंग, सोशल मीडिया पोस्ट और ई मेल आदि में बहुत उपयोगी होता है और जो आपके भावी कस्टमर्स का ध्यान आकर्षित

---

47 IoT - इंटरनेट ऑफ थिंग्स

करता है। लेकिन यह यहीं तक सीमित नहीं है, और भावी कस्टमर्स के विश्वास और आत्मविश्वास का निर्माण करता है। महामारी के दौरान, मैंने खुद को पेशेवर विकास पाठ्यक्रम में नामांकित करके, एक सार्वजनिक वक्ता और एक कोच के रूप में, अपने कौशल को बेहतर करने की कोशिश की। एक सेल्स लीडर के रूप में, मुझे अपनी टीम को लगातार प्रेरित करने, मार्गदर्शन करने और उनके साथ संवाद करने की आवश्यकता है। मैंने इस समय का उपयोग सेल्स प्रशिक्षण मॉड्यूल बनाने और अपने साथी सेल्सपर्सन के साथ अपनी सीख और अनुभवों को साझा करने के लिए इस किताब को लिखने में किया ताकि उन्हें अपनी सेल्स मसल्स बनाने में मदद मिल सके। प्रत्येक कौशल के लिए मुझे अपना समय, ऊर्जा और संसाधनों का निवेश करना पड़ता था, लेकिन मैं सक्रिय रूप से बदलाव करना चाहता था ताकि मैं अपनी टीम और मेरे द्वारा प्रशिक्षित उभरते इंडस्ट्री प्रोफेशनल्स को प्रेरित करने के लिए खुद का सर्वश्रेष्ठ संस्करण बन सकूं।

अंत में, मैं यह कहना चाहता हूं कि सेल्सपर्सन को अपने व्यवसाय के क्षेत्र में लगातार सीखने और खुद को बेहतर बनाने की आवश्यकता है। आज की प्रतिस्पर्धी दुनिया में, अपनी विशेषज्ञता के क्षेत्र में मजबूत होने से आपको कस्टमर एक आत्मविश्वासी सेल्सपर्सन के रूप में देखता है।

3. सफलता की मानसिकता बनाने की दिशा में यात्रा

"परिवर्तन निश्चित है। विकास वैकल्पिक है" - जॉन मैक्सवेल। यदि कोई सेल्सपर्सन उन्नति की राह पर चलना चाहता है तो बदलाव और बढ़ने की दिशा में कार्रवाई करनी चाहिए। ऐसा करने के लिए, उन्हें 4-I फ्रेमवर्क का उपयोग करके लगातार लक्ष्य निर्धारित करते हुए उन्हें प्राप्त करने की दिशा में कार्य करना होगा। प्रकरण 6 पर दोबारा गौर करें जहां आपने पेशेवर लक्ष्य लिखे हैं और उन्हें पूरा करने के लिए आप सक्रिय रूप से काम कर सकें। एक सेल्सपर्सन

को सेल्स की सफलता की मानसिकता[48] विकसित करने के लिए, विकास की राह पर चलने की आवश्यकता होती है जो निरंतरता और साहस से आती है।

निष्कर्षतः, परिवर्तन ही एकमात्र अचल है, इसलिए आपको स्वयं से यह प्रश्न अवश्य पूछना चाहिए कि क्या आप सक्रियता से बदल रहे हैं या आप केवल परिवर्तन पर प्रतिक्रिया दे रहे हैं? क्या आप लगातार अपनी सेल्स मसल्स बना रहे हैं? अपनी सेल्स मसल्स को मजबूत करने की यात्रा के लिए आपको हर दिन सक्रिय रहना होगा और निम्नलिखित का अभ्यास करके अपनी सेल्स मसल्स को फ्लेक्सिबल बनाना होगा।

- सेल्स के चक्र के सभी मूलभूत घटक (Pi - पीआई, विज़िबल R और इनविज़िबल R)
- सेल्स प्रक्रिया के माध्यम से अपनी सेल्स का संचालन करना
- सेल्स नेतृत्व की बारीकियों को समझना

एक सेल्सपर्सन की यात्रा रोमांचक, चुनौतीपूर्ण और अप्रत्याशित होती है। मेरी इस किताब को पढ़ने और अपनी व्यावसायिक विकास यात्रा में मुझे शामिल करने के लिए मैं आपको धन्यवाद देता हूं। मैंने पिछले दो दशकों में सीखे गए अनुभवों और बनाए गए अपने पाठों, अनुभवों और टेम्पलेट्स को इस किताब में सम्मिलित करने का प्रयास किया है।

मैं आपको शुभकामनाएं देता हूं कि आप अपनी सेल्स मसल्स लगातार मजबूत करते रहें, और मैं आपकी समीक्षाओं, फीडबैक, सुझावों और कार्यान्वयनों को पढ़ने के लिए उत्सुक हूं। लिंक्डइन पर मेरे साथ जुड़ें, जहां मैं अपनी सेल्स कहानियां लिखना और साझा

---

48 प्रकरण 4 इस बात पर चर्चा करता है कि सेल्स में सफलता की मानसिकता कैसे विकसित की जाए

करना जारी रखता हूं। मैं उभरते इंडस्ट्री प्रोफेशनल्स के साथ सेल्स प्रशिक्षण और सेल्स और लीडरशिप कोचिंग भी आयोजित करता हूं।

इस पुस्तक को पूरा करने पर बधाई! सीखना, कौशल बढ़ाना, नेटवर्किंग करना और सहयोग करना जारी रखें और मैं आपकी विकास यात्रा का हिस्सा बनने के लिए उत्सुक हूं।

अपनी सेल्स मसल्स को हमेशा मजबूत करते रहे।

शुभकामनाएं,

देवेश मोहन

References

1. Agarwal, S. (2021). Faster Internet via Google Cloud and Jio, says Sundar Pichai. The Economic Times. [online] 25 Jun. Available at: https://economictimes.indiatimes.com/tech/technology/faster-internet-via-google-cloud-and-jio-says-sundar-pichai/articleshow/83819658.cms?from=mdr [Accessed 26 Oct. 2022].

2. ALERT. (2020). Predatory Behaviour - Lion Hunting | ALERT. [online] Available at: https://lionalert.org/predatory-behaviour/.

3. Ang L and Buttle F (2006) 'Managing for Successful Customer Acquisition: An Exploration', Journal of Marketing Management, 22(3):295-317. doi:10.1362/026725706776861217

4. Bardwick, Judith M. Danger in the Comfort Zone: From Boardroom to Mailroom - How to Break the Entitlement Habit That's Killing American Business. Amacom, 1995.

5. Barnhart, B. (2022). Social media demographics to drive your brand's online presence. [online] Sprout Social. Available at: https://sproutsocial.com/insights/new-social-media-demographics/.

6. Barrett, S. (2016). What's the right sales conversion ratio for my sales team? [online] Smart Company. Available at: https://www.smartcompany.com.au/marketing/sales/whats-the-right-sales-conversion-ratio-for-my-sales-team/.

7. Blue Corona. (2019). 75+ B2B Marketing Statistics to Know in 2020 | B2B Statistics (2019). [online] Available at: https://www.bluecorona.com/blog/b2b-marketing-statistics/.

8. Boss, J. (2017). 5 Reasons Why Goal Setting Will Improve Your Focus. [online] Forbes. Available at: https://www.forbes.com/sites/jeffboss/2017/01/19/5-reasons-why-goal-setting-will-improve-your-focus/?sh=1fc17ae0534a [Accessed 26 Oct. 2022].

9. Brusse, J. (2015). Guide employees through the 4 stages of change. [online] www.linkedin.com. Available at: https://www.linkedin.com/pulse/guide-employees-through-4-stages-change-joshua-brusse [Accessed 26 Oct. 2022].

10. business.linkedin.com. (n.d.). The LinkedIn State of Sales Report 2020. [online] Available at: https://business.linkedin.com/sales-solutions/b2b-sales-strategy-guides/the-state-of-sales-2020-report [Accessed 26 Oct. 2022].

11. Clear, J. (2018). Atomic habits: Tiny changes, remarkable results: An easy & proven way to build good habits & break bad ones. New York: Avery, An Imprint of Penguin Random House.

12. Culture at Work. (n.d.). Tim Gallwey: The Inner Game. [online] Available at: https://www.coachingcultureatwork.com/tim-gallwey-inner-game-2/#:~:text=Performance%20%3D%20 potential%20 [Accessed 26 Oct. 2022].

13. Davies, S.T. (2020). The Corridor Principle: Why Some People Succeed—And Others Don't. [online] Sam Thomas Davies. Available at: https://www.samuelthomasdavies.com/the-corridor-principle/ [Accessed 26 Oct. 2022].

14. Fritscher, Lisa. "The Psychology of Fear." Verywell Mind, Verywellmind, 15 Mar. 2008, www.verywellmind.com/the-psychology-of-fear-2671696.

15. Garcia, H. (2017). Ikigai: The Japanese secret to a long and happy life. Penguin Life.

16. Geckoboard. (n.d.). SQL to Win Conversion Rate | KPI example. [online] Available at: https://www.geckoboard.com/best-practice/kpi-examples/sql-to-win-conversion-rate/ [Accessed 25 Oct. 2022].

17. Goleman D (2011) Leadership: The Power of Emotional Intelligence, More Than Sound.

18. Gopalakrishnan, R. (2016). The Case of the Bonsai Manager. Penguin UK.

19. Harvard Business Review (2004). Leading by Feel. [online] Harvard Business Review. Available at: https://hbr.org/2004/01/leading-by-feel.

20. Inam, H. (2013). Leadership And The Boiling Frog Experiment. [online] Forbes. Available at: https://www.forbes.com/sites/hennainam/2013/08/28/leadership-and-the-boiling-frog-experiment/?sh=3698473e6e21 [Accessed 26 Oct. 2022].

21. Khan, T.I. (2020). Importance of Emotional Intelligence in the Workplace and Leadership. [online] www.linkedin.com. Available at: https://www.linkedin.com/pulse/importance-emotional-intelligence-workplace-tarequl-i-khan-mib-mba/ [Accessed 20 May. 2022].

22. Kos, B. (2017). Life as a narrative driven by dominant thoughts. [online] Blaz Kos - Performance Coaching. Available at: https://www.blazkos.com/life-as-a-narrative/ [Accessed 6 June. 2022].

23. Lavinsky, D. (2014). Pareto Principle: How to Use It to Dramatically Grow Your Business. [online] Forbes. Available at: https://www.forbes.com/sites/davelavinsky/2014/01/20/pareto-principle-how-to-use-it-to-dramatically-grow-your-business/?sh=440358563901 [Accessed 26 Oct. 2022].

24. Locke EA and Latham GP (2002) 'Building a practically useful theory of goal setting and task motivation: A 35-year odyssey', American Psychologist, 57(9), 705-717. doi:10.1037/0003-066X.57.9.705

25. Linkedin.com. (2017). Eighty-percent of professionals consider networking important to career success.

[online] Available at: https://news.linkedin.com/2017/6/eighty-percent-of-professionals-consider-networking-important-to-career-success.

26. Long, Weldon. "Getting over Your Fear of Cold Calling Customers." Harvard Business Review, 8 Feb. 2019, hbr.org/2019/02/getting-over-your-fear-of-cold-calling-customers. Accessed 1 January. 2022.

27. Loud Mouth Media. (n.d.). Why LinkedIn should be part of the digital marketing strategy. [online] Available at: https://www.loudmouth-media.com/blog/5-reasons-why-linkedin-should-be-part-of-your-digital-marketing-strategy [Accessed 26 Oct. 2022].

28. Magids, S., Zorfas, A. and Leemon, D. (2015). The new science of customer emotions. [online] Harvard Business Review. Available at: https://hbr.org/2015/11/the-new-science-of-customer-emotions.

29. Matthews, G. (2015). Goal research summary. Paper presented at the 9th Annual International Conference of the Psychology Research Unit of Athens Institute for Education and Research (ATINER), Athens, Greece.

30. Matt, T. (2022). Why A Learning Culture Is So Important For Success - Business Leadership Today. [online] Business Leader Today. Available at: https://businessleadershiptoday.com/why-a-learning-culture-is-so-important-for-success/.

31. Morris, T. (2021). Hunter vs Farmer Personality, Characteristics, and More. [online] blog.

thecenterforsalesstrategy.com. Available at: https://blog.thecenterforsalesstrategy.com/hunter-vs-farmer-personality-characteristics-and-more [Accessed 26 Oct. 2022].

32. Morris, C. and Dahl, W. (2022). Face Squared - The Numbers Behind Face-to-Face Networking. [online] Great Business Schools. Available at: https://www.greatbusinessschools.org/networking/.

33. Santos, G. G. (2016). Career barriers influencing career success: A focus on academics' perceptions and experiences. Career Development International, 21(1), 60-84

34. Ovcharenko, D. (2021). Council Post: Networking In Times Of Social Restrictions. [online] Forbes. Available at: https://www.forbes.com/sites/forbesbusinesscouncil/2021/03/23/networking-in-times-of-social-restrictions/?sh=cd474122f2ee [Accessed 26 Oct. 2022].

35. Perry, M. (2016). Fortune 500 firms 1955 v. 2016: Only 12% remain, thanks to the creative destruction that fuels economic prosperity. [online] American Enterprise Institute - AEI. Available at: https://www.aei.org/carpe-diem/fortune-500-firms-1955-v-2016-only-12-remain-thanks-to-the-creative-destruction-that-fuels-economic-prosperity/.

36. Pipeline Blog. (n.d.). Role of Face-to-Face Interaction in the Modern ✳✳ Process. [online] Available at:

https://pipeline.zoominfo.com/sales/face-to-face-sales-meetings.

37. Raina S (2005) The Importance of Emotional Intelligence in the Workplace: Why It Matters More than Personality, HR.com. https://www.hr.com/en/communities/training_and_development/the-importance-of-emotional-intelligence-in-the-wo_eak314gc.html

38. Rajchert J, Żółtak T, Szulawksi M and Jasielska D (2019) 'Effects of Rejection by a Friend for Someone Else on Emotions and Behavior', Frontiers in Psychology, 10:764, doi:10.3389/fpsyg.2019.00764

39. Risser, M. (2022). Fear of Rejection: Signs, Effects, & How to Overcome. [online] Choosing Therapy. Available at: https://www.choosingtherapy.com/fear-of-rejection/ [Accessed 28 May 2021].

40. Roque, C. (n.d.). How to Overcome Your Fear of Sales and Rejection. [online] Business Envato Tuts+. Available at: https://business.tutsplus.com/tutorials/how-to-overcome-your-fear-of-sTimes of India Blog. (2022). The law of wasted efforts. [online] Available at: https://timesofindia.indiatimes.com/blogs/heartchakra/the-law-of-wasted-efforts/ [Accessed 25 Oct. 2022]

41. Schwinum, H. (2021). The Role of Trust in Sales and Leadership. [online] Vendux Interim Sales Leadership. Available at: https://www.vendux.org/blog/the-role-of-trust-in-sales-and-leadership [Accessed 26 Oct. 2022].

42. Souza, I. de (2020). Customer retention in times of crisis: 6 strategies to try. [online] Rock Content. Available at: https://rockcontent.com/blog/customer-retention-in-times-of-crisis/ [Accessed 26 Oct. 2022].

43. State of Sales 2018 Introduction: A human touch at scale. (2018). [online] Available at: https://business.linkedin.com/content/dam/me/business/en-us/sales-solutions/cx/2018/images/pdfs/state-of-sales-ebook.pdf.

44. Tracy, B. (2019). Importance of Goal Setting: 6 Reasons to Take Setting Goals Seriously. [online] Brian Tracy's Self Improvement & Professional Development Blog. Available at: https://www.briantracy.com/blog/personal-success/importance-of-goal-setting/.

45. Vissa, B. (2011). 'Building Effective Networks', ILPSIE, August 2011.

46. Williams, Brian. "21 Mind-Blowing Sales Stats." Thebrevetgroup.com, 2020, blog.thebrevetgroup.com/21-mind-blowing-sales-stats.

47. Zorfas, A. and Leemon, D. (2016). An Emotional Connection Matters More than Customer Satisfaction. [online] Harvard Business Review. Available at: https://hbr.org/2016/08/an-emotional-connection-matters-more-than-customer-satisfaction.

48. www.klipfolio.com. (n.d.). MQL to SQL Conversion Rate. [online] Available at: https://www.klipfolio.

com/metrics/marketing/mql-to-sql-conversion-rate [Accessed 25 Oct. 2022].

49. Further Reading

50. Hoffeld, David. The Science of Selling: Proven Strategies to Make Your Pitch, Influence Decisions, and Close the Deal. New York, Tarcherperigee, 2022.

51. Maslen, Carrie. "Direct Sales vs. Partner Sales: A Partner Primer." Gilroy Associates, www.gilroyassociates.com/thought-leadership/direct-sales-vs-partner-sales. Accessed 30 Oct. 2022.

52. Sinek, S. (2019). Leaders Eat Last. London, United Kingdom: Portfolio Penguin.

53. Sochan, M. (2018). The Art of Strategic Partnering: Dancing with Elephants. NAK Publishing.

54. Subroto, B. (2017). Sell - The Art, The Science, The Witchcraft. India: Hachette.

55. Tracy, B. (2007). The Art of Closing the Sale. Thomas Nelson.

56. Tracy B (2010) Goals! How to Get Everything You Want - Faster Than You Ever Thought Possible, India: McGraw-Hill Education.

57. Weinberg, M. (2013). New Sales. Simplified: the essential handbook for prospecting and new business development. New York: American Management Association.

लेखक के विषय मे

लेखक: देवेश मोहन

देवेश "टाई योर शूज एंड रन टुवर्ड्स योर गोल" के मंत्र पर विश्वास करते हैं और उसका पालन करते हैं। अपने ढाई दशकों के सेल्स करियर में, उन्होंने महत्वाकांक्षी विकास के लक्ष्य तय किए और उन्हें प्राप्त करने के लिए अतुलनीय उत्साह और विस्तृत दृष्टिकोण के साथ निरंतर प्रयास किया है।

हालाँकि देवेश एक इंजीनियर हैं, पर ढाई दशक पहले उन्होंने आईटी सेल्स में प्रवेश किया जब यह उद्योग बिलकुल शुरुआती स्तर पर था। इससे उनकी जोखिम लेने की क्षमता का पता चलता है और इसमें परिपक्वता लाने के लिए फिर इन्होंने सेल्स और मार्केटिंग में एम बी ए किया और बाद में इंसीड, सिंगापुर से लीडरशिप प्रोग्राम किया। यह लगातार अपनी कार्यशैली में विविधता लाते रहे जिससे वह बदलते उद्योग परिवेश में उपयुक्त बने रहें।

देवेश वर्तमान में यूके स्थित सॉफ्टवेयर कंपनी, कैनोनिकल -पब्लिशर ऑफ उबंटू में ग्लोबल अलायंसिस सेल्स डाइरेक्टर के रूप में काम कर रहे हैं। इस भूमिका में, उनको वैश्विक स्तर पर जीएसआई पार्टनर्स के इको सिस्टम को बनाने और विकसित करने की जिम्मेदारियां हैं।

देवेश लीडरशिप कार्ड में एक लीडरशिप कोच/सह-संस्थापक हैं, जहां वह उभरते लीडर्स के साथ काम करने और 1 मिलियन उभरते लीडर्स का एक समुदाय बनाने के लिए प्रतिबद्ध हैं। वह "गिव बैक टू कम्युनिटी" ट्रस्ट नामक एक नोट-फॉर प्रॉफ़िट कंपनी के सह-संस्थापक भी हैं, जो ग्रामीण भारत में तकनीकी सशक्तिकरण के माध्यम से वंचित, योग्य छात्रों का समर्थन करके समाज में शैक्षिक फ़ासलों को दूर करने का काम करता है। वह एक स्वास्थ्य प्रेमी, हाफ मैराथन धावक और लंबी दूरी के सायकलिस्ट है जो अपनी सीमाओं को आगे बढ़ाने के लिए काम करना जारी रखते है।

देवेश से devesh75@gmail.com पर संपर्क किया जा सकता है।